365 Incríveis PIADAS & Charadas

B

©TODOLIVRO LTDA.

Rodovia Jorge Lacerda, 5086 - Poço Grande
Gaspar - SC | CEP 89115-100

Texto / Ilustração:
Book Factory Editorial, Ângela Finzetto e Adauto Bonfim

Revisão:
Karin Elizabeth Rees de Azevedo

IMPRESSO NA CHINA
www.todolivro.com.br

Dados Internacionais de Catalogação na Publicação (CIP)
(Câmara Brasileira do Livro, SP, Brasil)

---

365 incríveis piadas e charadas / [texto
    Book Factory Editorial, Ângela Finzetto e Adauto Bonfim].
    Gaspar, SC: Todolivro, 2022.

  ISBN: 978-65-5617-153-1

    1. Humor 2. Charadas 3. Literatura brasileira
4. Piadas I. Book Factory Editorial, Ângela Finzetto e Adauto Bonfim

20-33663   CDD-B869.7

Índices para catálogo sistemático:

1. Piadas e charadas: Literatura brasileira   B869.7
Maria Alice Ferreira - Bibliotecária - CRB-8/7964

GEOGRAFIA

A MÃE PERGUNTA:
- FILHO, O QUE VOCÊ ESTÁ ESTUDANDO?
- GEOGRAFIA, MAMÃE.
- ENTÃO ME DIGA: ONDE FICA A INGLATERRA?
- NA PÁGINA 83.

O QUE O THOR MAIS GOSTA NO BANHEIRO?
R: THOR-NEIRA.

QUAL É O CHÁ QUE AS MULHERES MAIS USAM NO CABELO?
R: CHÁ-PINHA.

QUAL É A DOENÇA QUE AFETA OS ELEFANTES?
R: TROMBOSE.

QUAL É A BANDA DE ROCK PREFERIDA DOS MORTOS?
R: SEPULTURA.

MATEMÁTICA

A PROFESSORA TENTA ENSINAR MATEMÁTICA A UM DE SEUS ALUNOS.
- SE EU LHE DER QUATRO CHOCOLATES HOJE E MAIS TRÊS AMANHÃ, VOCÊ VAI FICAR COM... COM... COM...
- CONTENTE, PROFESSORA!

JOÃOZINHO VAI À PADARIA

JOÃOZINHO FOI À PADARIA E PERGUNTOU:
- TEM PÃO?
O PADEIRO RESPONDEU:
- SÓ TEM PÃO DORMIDO.
E JOÃOZINHO RETRUCOU:
- ÓTIMO! POR FAVOR, ACORDA DEZ AÍ PARA MIM.

POR QUE A PATA ASSASSINOU O PATO?
R: PORQUE ELA ERA UMA PSICOPATA.

QUAL É O CHÁ QUE O BATMAN NÃO GOSTA?
R: O CHÁ-RADA.

QUAL É A DOENÇA DO MINOTAURO?
R: É A LABIRINTITE.

COMO É QUE SE CHAMA MOSCA NOS ESTADOS UNIDOS?
R: NÃO É NECESSÁRIO CHAMAR: ELA VEM SOZINHA.

FILHO ARTEIRO

O FILHO PARA NA FRENTE DA MÃE E FALA:
- MÃE, VOU TE CONTAR UM SEGREDO. A SENHORA PRECISA ESTAR PREPARADA.
A MÃE RESPONDE:
- AH É?! SÓ UM POUQUINHO QUE VOU PEGAR O CHINELO E O CINTO!

FAZENDO CONTA

PROFESSORA, A SENHORA É ESPERTA?
- SIM.
- UM MAIS UM É IGUAL A DOIS, CERTO?
E DOIS MAIS DOIS É IGUAL A QUATRO, CERTO?
ELA RESPONDEU:
- CERTO.
- QUAL FOI A PRIMEIRA PERGUNTA QUE EU FIZ?
- QUANTO É UM MAIS UM, ORA!
- NÃO, ERROU. EU PERGUNTEI:
"A SENHORA É ESPERTA?"

O QUE FOI QUE UM FUNKEIRO CEGO DISSE PARA O OUTRO?
R: SEGUE O BRAILE!

O QUE UM PASTEL FALOU PARA O OUTRO?
R: ESTAMOS FRITOS!

PEDIDO DE AJUDA

MUITO DESANIMADO COM O EMPREGO, CHARLINHO PEDIU A DEUS UM TRABALHO NO QUAL ESTIVESSE NO COMANDO, QUE ABRISSE MUITAS PORTAS E AJUDASSE OUTRAS PESSOAS.
DIAS DEPOIS, O PEDIDO DE CHARLINHO FOI ATENDIDO: VIROU MOTORISTA DE ÔNIBUS!

COMO SE DIZ TEMPESTADE EM JAPONÊS?
R: TOROH.

O QUE É QUE UM BOLO BRAVO FALOU PARA O OUTRO?
R: ESTOU BOLADO COM VOCÊ.

QUAL É O SAPATO QUE ESTÁ EM FORMA?
R: O SALTO FITNESS.

O QUE É, O QUE É: FICA NA PORTA MAS NUNCA ENTRA?
R: A MAÇANETA.

JOÃOZINHO NA AULA DE MATEMÁTICA

O PROFESSOR DE MATEMÁTICA LEVANTA UMA FOLHA DE PAPEL EM UMA DAS MÃOS E PERGUNTA PARA JOÃOZINHO:
- SE EU DIVIDIR ESTA FOLHA EM QUATRO PEDAÇOS, COM O QUE EU FICO?
- FICA COM QUATRO QUARTOS, PROFESSOR!
- MUITO BEM! E SE DIVIDIR ESTA FOLHA EM MIL PEDAÇOS?
- FICA COM UM MONTE DE PAPEL PICADO, PROFESSOR!

CAIPIRAS NO TRÂNSITO

DOIS CAIPIRAS CAMINHAVAM PELA RUA QUANDO SE DEPARARAM COM UM AGLOMERADO DE PESSOAS. UM

CAIPIRA PERGUNTOU AO OUTRO:
- COMO É QUE A GENTE DESCOBRE O QUE ACONTECEU?
O OUTRO CAIPIRA RESPONDE:
- VEM COMIGO QUE EU TIVE UMA IDEIA!
ENTÃO, OS DOIS CORRERAM GRITANDO:
- SOMOS PARENTES DA VÍTIMA, SAIAM DA FRENTE, ABRAM CAMINHO!
PASSANDO PELA MULTIDÃO, OS DOIS CAIPIRAS DESCOBRIRAM QUE UM JUMENTO HAVIA SIDO ATROPELADO.

_____

QUAL É A VACA QUE TREINA TODOS OS DIAS NA ACADEMIA?
R: A VACA MALHADA.

_____

O QUE É, O QUE É: PÕE FIM EM TUDO, MAS FIM NÃO TEM?
R: A MORTE.

QUAL É O HINO QUE TODO PRESIDIÁRIO GOSTARIA DE CANTAR?
R: (H)INOCENTE.

O EMPRESÁRIO E O CAIPIRA

UM EMPRESÁRIO ANDAVA MUITO ESTRESSADO E O MÉDICO RECOMENDOU QUE ELE FOSSE PESCAR. CHEGANDO À LAGOA, O EMPRESÁRIO MONTOU SEU EQUIPAMENTO E VIU QUE UM CAIPIRA SE AGACHOU NO CHÃO E FICOU OBSERVANDO A PESCARIA.
HORAS DEPOIS, O CAIPIRA CONTINUAVA ALI. CURIOSO, O EMPRESÁRIO PERGUNTA:
- OLÁ! O SENHOR QUER PESCAR TAMBÉM?
O CAIPIRA, AINDA AGACHADO, RESPONDE:
- NÃO QUERO, NÃO. NÃO TENHO PACIÊNCIA PARA ISSO!

AJUDA DA MAMÃE

CARLOS CUTUCA A MAMÃE E DIZ:
- VOCÊ PODE DAR DINHEIRO PARA UM VELHINHO QUE ESTÁ ALI NA PRAÇA?
A MAMÃE FICA CURIOSA E RESPONDE:
- POSSO SABER QUEM É ESSE VELHINHO?

E CARLOS COMPLETA:
- CLARO, MAMÃE. É AQUELE QUE ESTÁ GRITANDO: "OLHA O SORVETE!".

GATO

O SUJEITO, MUITO ESQUISITO, VAI AO PSIQUIATRA.
- DOUTOR, DOUTOR! O MEU PROBLEMA É QUE EU ACHO QUE SOU UM GATO!
- HÁ QUANTO TEMPO VOCÊ VEM PENSANDO ISSO? - PERGUNTA O PSIQUIATRA.
- AH, DESDE QUE EU ERA UM FILHOTINHO!

A CULPA NÃO É MINHA

MUITO BRAVA, UMA PATROA CHAMA A ATENÇÃO DA EMPREGADA:
- DONA ISIS, A SENHORA ANDA MUITO PREGUIÇOSA. A CASA ANDA CHEIA DE POEIRA, PARECE QUE NÃO É LIMPA HÁ TRÊS MESES!
A EMPREGADA RESPONDE:

- UFA! A PATROA ME DEIXOU PREOCUPADA. EU SÓ ESTOU TRABALHANDO AQUI HÁ UM MÊS ENTÃO A CULPA NÃO É MINHA!

MÁS NOTÍCIAS

O MÉDICO LIGA PARA O PACIENTE:
- SEUS EXAMES FICARAM PRONTOS.
- E AÍ, DOUTOR? TUDO BEM?
- BEM NADA, RAPAZ! TENHO DUAS NOTÍCIAS E UMA DELAS É MUITO RUIM.
- DIZ LOGO, ME FALA A RUIM DE UMA VEZ!
- VOCÊ TEM APENAS 24 HORAS DE VIDA!
- 24 HORAS? MEU DEUS, NÃO PODE SER!
DEPOIS DE ALGUNS SEGUNDOS.
- E A OUTRA NOTÍCIA?
- LIGUEI PARA VOCÊ ONTEM O DIA TODO, MAS SÓ DAVA OCUPADO!

QUAL É O ANIMAL QUE TRABALHA NA ROÇA?
R: ESCOR-PEÃO.

O QUE É, O QUE É: TRÊS TOMADAS JUNTAS NA PAREDE.
R: É UM TRIO ELÉTRICO!

O QUE É, O QUE É: TEM NOS CARROS E NO FUTEBOL.
R: VOLANTE.

AULA DE LITERATURA

O PROFESSOR PERGUNTA PARA A CLASSE:
- O QUE É UMA AUTOBIOGRAFIA?
UM DOS ALUNOS RESPONDE:
- EU SEI, EU SEI! É A HISTÓRIA DA VIDA DE UM CARRO!

NO LABORATÓRIO

NO LABORATÓRIO DE QUÍMICA, RODEADOS POR VIDROS E PRODUTOS QUÍMICOS POR TODOS OS LADOS, O PROFESSOR REALIZAVA UMA PROVA ORAL COM OS ALUNOS. E, CHEGANDO A VEZ DA ALUNA MAIS POPULAR DA CLASSE, PERGUNTOU:
- MELISSA, QUAL É O ELEMENTO CUJA FÓRMULA QUÍMICA É H_2SO_4?

A GAROTA, TRÊMULA, COLOCOU UM DEDO NA BOCA, PENSOU, PENSOU, E DEPOIS DISSE:
- AI, AI, PROFESSOR... TÁ NA PONTA DA LÍNGUA!
E O MESTRE GRITA, ASSUSTADO:
- ENTÃO, COSPE FORA RÁPIDO, QUE ISSO É ÁCIDO SULFÚRICO!

BOM DE PAPO

- QUAL É O SEU PONTO FORTE?
- MUDAR DE ASSUNTO.
- COMO ASSIM?
- EU ADORO BOLO DE CENOURA.
- QUE BOLO DE CENOURA?
- COM CAFÉ FICA AINDA MELHOR.

O QUE FOI QUE A JOANINHA DISSE PARA O GRILO?
R: DEIXA DE SER CRI CRI.

O QUE É, O QUE É: SEMPRE FAZ FILA PARA COMER.
R: OS DENTES.

A FÉ DE CADA UM

DOIS HOMENS PREGAVAM A PALAVRA DE DEUS DE PORTA EM PORTA ATÉ QUE CHEGARAM A UMA CASA SEM MUROS COM UM CACHORRO MUITO BRAVO.
O CACHORRO LATIU SEM PARAR, COMEÇOU A SE CHACOALHAR E ARREBENTOU A COLEIRA, CORRENDO NA DIREÇÃO DOS DOIS HOMENS.
UM DELES SE AJOELHOU ORANDO E FALOU:
- TÁ AMARRADO EM NOME DE JESUS!
E O OUTRO RESPONDEU ENQUANTO CORRIA AOS BERROS:
- TÁ AMARRADO O QUE? CORRE QUE ELE VAI TE MORDER!

QUAL É O CARRO QUE SABE LER?
R: CHEVRO-LÊ.

VIDA DE PATO

O PATO OLHOU PARA A PATA E DISSE:
- QUACK, QUACK!
A PATA, POR SUA VEZ, RESPONDEU:
- EU IA TE FALAR ISSO AGORA MESMO!

_____

QUAL É A GUITARRA DO BOB ESPONJA?
R: A FENDER DO BIQUÍNI.

_____

QUAL É A BANDA DE ROCK MAIS GASOSA DE TODAS?
R: GÁS'N'ROSES.

CLUBE DOS FÃS DO PROFESSOR GIRAFALES

- AQUI É O CLUBE DOS FÃS DO PROFESSOR GIRAFALES?
- SIM, PODE ENTRAR.
- DEPOIS DA SENHORA...

LIÇÃO DE CASA

A PROFESSORA PERGUNTOU PARA O ALUNO:
- POR QUE VOCÊ NÃO FEZ A LIÇÃO DE CASA?
- PORQUE EU MORO EM APARTAMENTO, PROFESSORA.

REGIONALIDADES... OU NÃO

O PROFESSOR PERGUNTA AO MURILO:
- QUEM NASCE NA BAHIA É O QUE?
- BAIANO!
- E QUEM NASCE EM MINAS GERAIS É O QUE?
- MINEIRO!
- E QUEM NASCE NO RIO? É O QUE?
- É PEIXE!

O CAIPIRA NA RODOVIÁRIA

O CAIPIRA VAI À RODOVIÁRIA PARA COMPRAR PASSAGEM:
- QUERO UMA PASSAGEM PARA O ESBUI.
- NÃO ENTENDI, O SENHOR PODE REPETIR?
- QUERO UMA PASSAGEM PARA O ESBUI!
- SINTO MUITO, SENHOR, NÃO TEMOS PASSAGEM PARA O ESBUI.
CHATEADO, O CAIPIRA SE AFASTA DO GUICHÊ, APROXIMA-SE DO AMIGO QUE ESPERA DE LONGE E LAMENTA:
- OLHA, ESBUI, O HOMEM FALOU QUE PRA VOCÊ NÃO TEM PASSAGEM, NÃO!

QUAL É A CANTORA QUE VIVE NA FLORESTA?
R: BEYONÇA.

QUAL É O MOLHO FAVORITO DAS PORTAS?
R: O MOLHO DE CHAVES.

QUAL É O ATOR AMERICANO QUE ESTÁ SEMPRE ONLINE?
R: SILVESTRE STAONLINE.

QUAL É O VIDEOGAME QUE FICA SEMPRE DENTRO DO BANHEIRO?
R: X-BOX.

CONTA

DIANTE DA RECLAMAÇÃO DE UM SENHOR POR CAUSA DO VALOR DA CONTA DA LUZ, O GERENTE FALA:
- QUANDO NÓS ERRAMOS, NO MÊS PASSADO, AO NÃO COBRAR NADA PELA SUA CONTA DA LUZ, O SENHOR NÃO RECLAMOU. E, AGORA QUE NÓS COBRAMOS, O SENHOR VEM RECLAMAR?
- É QUE UM ERRO EU AINDA TOLERO E DEIXO PASSAR, MAS JÁ DOIS É DEMAIS!

INTROMETIDOS

UM HOMEM SE SENTOU NA FRENTE DE CASA COM UM PRATO VAZIO NO CHÃO E UMA VARA DE PESCA. UMA PESSOA QUE PASSAVA NA RUA PAROU E PERGUNTOU:
- MAS O QUE É ISSO QUE VOCÊ ESTÁ FAZENDO?
O HOMEM RESPONDEU:
- CONTANDO QUANTOS INTROMETIDOS CONSIGO PESCAR. ATÉ AGORA POUCO ERAM CINCO, AGORA JÁ SÃO SEIS!

GATO E RATO

UM GATO ESTAVA CAÇANDO UM RATO.
DEPOIS DE MUITA CORRERIA, O RATO SE ESCONDEU EM SUA TOCA E OUVIU UM LATIDO:
- AU, AU, AU!
PENSANDO QUE ESTAVA SALVO, O RATO SAIU DA TOCA E FOI PEGO PELO GATO. SEM ENTENDER O QUE ACONTECEU, ELE PERGUNTOU:
- CADÊ O CACHORRO QUE ESTAVA AQUI?
E O GATO RESPONDEU:
- HOJE EM DIA, QUEM NÃO FALA DOIS IDIOMAS NÃO SOBREVIVE!

CAMINHÃO CONVIDA

O CAMINHÃO SCANIA DIZ PARA O CAMINHÃO VOLVO:
- NOSSA, QUE FOME!
E O CAMINHÃO VOLVO RESPONDE:
- NOSSA, TAMBÉM ESTOU MORRENDO DE FOME.
E O CAMINHÃO SCANIA CONVIDA:
- PARTIU RO-DIESEL?

QUAL É A SÉRIE DE TV QUE AS PORTAS MAIS GOSTAM?
R: CHAVES.

O QUE IMPEDE OS DETENTOS DE IREM AO BANHEIRO FAZER O NÚMERO DOIS?
R: O INTESTINO PRESO.

O SALGADO

FUI À LANCHONETE E PERGUNTEI SE O SALGADO ERA DE HOJE.
- NÃO, O SALGADO É DE ONTEM.
- E COMO FAÇO PARA COMER O SALGADO DE HOJE?
- VOLTE AMANHÃ!

TELEFONEMA AMIGO

UM HOMEM TELEFONA PARA O SEU COMPADRE E DIZ:
- OH, MEU COMPADRE, VOCÊ ESTÁ DORMINDO?
O COMPADRE RESPONDE:
- NÃO, NÃO ESTOU DORMINDO.
- MAS É CLARO QUE VOCÊ ESTÁ DORMINDO.
- NÃO, MEU COMPADRE, EU NÃO ESTOU DORMINDO.
- DEPOIS EU TE LIGO PORQUE VOCÊ ESTÁ DORMINDO.
- NÃO, PODE FALAR, JÁ TE DISSE QUE NÃO ESTOU DORMINDO!
- VOCÊ PODERIA ME TRANSFERIR QUINHENTOS REAIS AGORA?
- OH, MEU COMPADRE, FALANDO BEM A VERDADE EU ESTOU DORMINDO SIM...

MEIO ESQUECIDO...

- VOCÊ CONHECE A PIADA DO ALZHEIMER?
- NÃO! QUAL?
- QUAL O QUÊ?

QUAL É A BANDA DE PAGODE FAVORITA DOS FOTÓGRAFOS?
R: REVELAÇÃO.

O QUE A MOTO FOI FAZER NA PRAIA?
R: PEGAR UMA HONDA.

QUAL É A ATRIZ BRASILEIRA QUE ESTÁ SEMPRE BRABA?
R: GRAZI MAS TÁ FERA.

QUAL É A CANTORA INTERNACIONAL QUE TEM DONO?
R: A-DELE.

QUAL É O CHÁ INDICADO PARA COMBATER A CALVÍCIE?
R: O CHÁ-PEU.

EM BUSCA DO GORRO PERDIDO

O MENINO PROCURAVA SEU GORRO E DISSE:
- PAI, NÃO ENCONTRO MEU GORRO.
O PAI RESPONDEU:
- NÃO ESQUENTA A CABEÇA COM ISSO!

O QUE É, O QUE É: UM PONTINHO VERDE NA RUA?
R: LIMÃOZINE.

O PORTUGUÊS E SUA MOTO

UM PORTUGUÊS CHEGA AO BRASIL E QUER COMPRAR UMA MOTO. O VENDEDOR, MUITO ESPERTO, VENDEU A ELE UM BODE.
O PORTUGUÊS SUBIU NO BODE E SAIU DA LOJA FELIZ DA VIDA. MAS LOGO PERCEBEU QUE NÃO SABIA ONDE ERA O FREIO! PROCUROU POR TUDO E ACABOU PUXANDO O RABO DO BODE. O BODE IMEDIATAMENTE GRITOU:
- BÉÉÉÉÉÉÉ!
E O PORTUGUÊS DISSE:
- ENCONTREI A BUZINA!

QUAL É O SUPER-HERÓI MAIS DIABÓLICO?
R: CAPETÃO AMÉRICA.

O QUE É, O QUE É: UM PONTO PRETO NA PAREDE?
R: UMA BARATA EMO.

QUAL É A FRUTA QUE APARECE NO CABELO DE MUITAS PESSOAS?
R: AMEIXA.

POR QUE A AMBULÂNCIA NÃO ANDA?
R: PORQUE ELA SÓ-CORRE.

PASSADO, PRESENTE E FUTURO

NA ESCOLA, A PROFESSORA EXPLICA:
- SE DIGO QUE FUI RICA É PASSADO. ENTÃO, MARIA, SE DIGO QUE SEREI DIRETORA, O QUE É?
- É FUTURO, PROFESSORA.
- E VOCÊ, JOÃOZINHO: SE DIGO QUE SOU BONITA, O QUE É?
- É MENTIRA, PROFESSORA!

AEROMOÇA ENGRAÇADINHA

A AEROMOÇA PERGUNTA A UM SENHOR QUE ESTÁ SENTADO NO AVIÃO:
- CAFÉ OU CHÁ?
ELE RESPONDE:
- CAFÉ.
E A AEROMOÇA:
- ERROU, É CHÁ!

QUANTO CUSTA?

UMA MULHER CHEGOU NA PADARIA E PERGUNTOU:
- QUANTO É O CAFEZINHO?
O BALCONISTA RESPONDEU:
- UM REAL.
- E O AÇÚCAR?
- É DE GRAÇA.
- AH, ENTÃO ME DÊ DOIS QUILOS DE AÇÚCAR.

FALANDO SEM DIZER NADA

O POLICIAL PERGUNTA PARA O MENINO:
- ONDE VOCÊ MORA?
- COM MEUS PAIS - RESPONDE O MENINO.
- ONDE SEUS PAIS MORAM?
- COMIGO.
- ONDE VOCÊS TODOS MORAM?
- JUNTOS.
- ONDE É SUA CASA?
- AO LADO DA CASA DOS MEUS VIZINHOS.
- ONDE MORAM SEUS VIZINHOS?
- SE EU TE DISSER, VOCÊ NÃO VAI ACREDITAR.
- DIGA.
- DO LADO DA MINHA CASA.

PARA QUAL LUGAR O THOR GOSTA DE VIAJAR?
R: LI-THOR-AL.

QUAL É O CONTRÁRIO DE RIO BRANCO?
R: CHORO PRETO.

O QUE É, O QUE É: O QUE UM PAÍS FRIO DISSE PARA O OUTRO?
R: ONDE FICA O CAZAQUISTÃO?

MENINO ORGULHOSO

JOÃOZINHO OLHA PARA O PROFESSOR DE HISTÓRIA E DIZ:
- PROFESSOR, SINTO MUITO ORGULHO DESSA AULA!
- POR QUE ME DIZ ISSO, JOÃOZINHO?
- PORQUE EM 10 ANOS VOU OLHAR PARA ESSE CADERNO E FALAR: "ESSE CADERNO TEM HISTÓRIA!".

VENENOSA

UMA COBRA PERGUNTA À OUTRA:
- SERÁ QUE SOU MUITO VENENOSA?
- ACHO QUE SIM. POR QUÊ?
- MORDI A LÍNGUA.

POR QUE PLANTINHA NÃO FALA?
R: PORQUE ELA AINDA É "MUDINHA".

QUAL É O PAÍS IDEAL PARA FAZER UM OMELETE?
R: KOSOVO.

QUAL É CARRO FAVORITO DOS FOTÓGRAFOS?
R: FOCUS.

QUEM É A VÓ DO MILHO?
R: AVEIA.

A BALEIA E A FOCA

UMA BALEIA OLHA PARA UMA FOCA E DIZ:
- EU ODEIO FOFOCA.
E A FOCA RESPONDE:
- E EU ODEIO BABALEIA!

IMPRESSÃO

DUAS IMPRESSORAS. UMA DIZ PARA A OUTRA:
- OLHA SÓ, ESSA FOLHA É TUA OU É IMPRESSÃO MINHA?

QUAL É O APRESENTADOR DE TV QUE ADORA CHÁ?
R: CHÁ-CRINHA.

QUEIMEI O CAFÉ

- MÃE!
- O QUE FOI, MENINO?
- ACHO QUE QUEIMEI O CAFÉ!
- MAS COMO?
- SEI LÁ, A ÁGUA ESTÁ BEM PRETA!

JOÃOZINHO, O VALENTE

A PROFESSORA PERGUNTA AO JOÃOZINHO:
- JOÃOZINHO, SE VOCÊ TEM DOIS BOLOS E UM MENINO PEGA UM, QUANTOS VÃO SOBRAR?
- DOIS BOLOS, PROFESSORA.
- DEIXA EU TE PERGUNTAR DE NOVO: VOCÊ TEM DOIS BOLOS E UM MENINO PEGA UM. QUANTOS BOLOS VÃO SOBRAR?
- DOIS BOLOS E UM MENINO GULOSO!

QUAL É O POLÍTICO BRASILEIRO QUE TAMBÉM É DENTISTA?
R: SISO GOMES.

DA MESMA CLASSE

UM HOMEM FOI AO MÉDICO, MAS SEU PLANO DE SAÚDE NÃO COBRIA A CONSULTA. ENTÃO, PERGUNTOU QUANTO SERIA A CONSULTA. O MÉDICO DISSE:
- QUINHENTOS REAIS.
- NOSSA, É MUITO CARO. POR FAVOR, FAZ UM DESCONTO PARA MIM, TAMBÉM SOU DA CLASSE.
- ENTÃO QUER DIZER QUE VOCÊ É MÉDICO?
- NÃO... TAMBÉM SOU LADRÃO!

MAIS VALE UMA MANGA NA MÃO

A PROFESSORA PERGUNTA AO JOÃOZINHO:
- JOÃOZINHO, SE EU TENHO DUAS MANGAS EM UMA MÃO E DUAS NA OUTRA, O QUE EU TENHO?
- MÃOS GRANDES, PROFESSORA!

QUEM MANDA NA RELAÇÃO

EM UMA PALESTRA SOBRE RELACIONAMENTOS O PALESTRANTE DIZ:
- DÊ UM PASSO PARA FRENTE QUEM AQUI É MANDADO PELA MULHER!

DE TODOS OS PRESENTES, SÓ UM NÃO DEU O PASSO PARA FRENTE. ENTÃO, O PALESTRANTE PERGUNTOU:
- E VOCÊ? POR QUE NÃO DEU UM PASSO PARA FRENTE?
E ELE RESPONDEU:
- PORQUE MINHA MULHER MANDOU EU FICAR PARADO.

A REUNIÃO

O MENINO AVISA AO PAI:
- AMANHÃ TEM REUNIÃO DA ASSOCIAÇÃO DE PAIS E PROFESSORES. SÓ QUE ESSA SERÁ DIFERENTE: SÓ PRECISAM IR O SENHOR, MINHA PROFESSORA E A DIRETORA DA ESCOLA.

NEM TUDO É O QUE PARECE

UM GAROTINHO CHEGA EUFÓRICO DA ESCOLA E CORRE CONTAR A NOVIDADE PARA O PAI:
- PAPAI, HOJE A PROFESSORA PEDIU PARA ESCREVERMOS SOBRE NOSSOS HERÓIS, NOSSAS REFERÊNCIAS DE VIDA, E EU ESCREVI SOBRE VOCÊ!
O PAI, COMOVIDO, RESPONDE:
- VERDADE, FILHO? NOSSA, QUE COISA BOA. EU NÃO SABIA QUE VOCÊ ME ADMIRAVA TANTO!
- NÃO É BEM ASSIM, PAPAI... É QUE EU NÃO SABIA COMO ESCREVER ARNOLD SCHWARZENEGGER!

QUAL SUPER-HERÓI TEM CAPA, MAS NÃO VOA?
R: BATMAN.

QUEM É O VÔ DO MILHO?
R: OVOMALTINE.

O QUE É, O QUE É: TEM NA ÁRVORE E NO PALETÓ?
R: A MANGA.

QUAL É O HUMORISTA QUE SERVE CHÁ?
R: FÁBIO POR-CHÁ.

QUAL É O OBJETO QUE ACABA COM A DOR?
R: O SECA-DOR.

MÃO DE OBRA

DOIS TURISTAS DO MARROCOS VIERAM PARA O BRASIL. CHEGARAM EM SÃO PAULO E PASSARAM A OBSERVAR OPERÁRIOS QUE TRABALHAVAM NA CONSTRUÇÃO CIVIL. EM UMA DAS CONSTRUÇÕES, OS TURISTAS MARROQUINOS PERGUNTARAM, COM A AJUDA DE UM INTÉRPRETE:
- ESCUTA, QUANTO É QUE VOCÊS GANHAM?
E OS OPERÁRIOS RESPONDERAM:

- EU GANHO 320 REAIS!
E OUTRO RESPONDEU:
- E EU, 400 REAIS!
OS MARROQUINOS, DEPOIS DE FAZER A TRADUÇÃO, FIZERAM UNS CÁLCULOS EM SEUS COMPUTADORES E, FINALMENTE, DISSERAM:
- VAMOS PARA O EGITO! LÁ, VOCÊS IRÃO GANHAR MUITO MAIS DINHEIRO.
OS OPERÁRIOS ACEITARAM NA HORA. OS MARROQUINOS FRETARAM UM AVIÃO E SE FORAM ATRAVÉS DO ATLÂNTICO. MAS, DE REPENTE, O AVIÃO PRECISOU FAZER UM POUSO NO DESERTO DO SAARA. AÍ, QUANDO ELES OLHARAM PELA ESCOTILHA DO AVIÃO, UM DOS OPERÁRIOS COLOCOU A MÃO NA CABEÇA E DISSE PARA O OUTRO:
- SEVERINO, QUANDO CHEGAR O CIMENTO... NÓS "TAMO" TUDO FRITO!

NEM TUDO PODE SER COMPARTILHADO

O MINEIRO, MUITO DO PÃO-DURO, RECEBE A VISITA DE UM AMIGO.
A CERTA ALTURA DA CONVERSA O AMIGO PERGUNTA:
- SE VOCÊ TIVESSE SEIS FAZENDAS, VOCÊ ME DAVA UMA?
- CLARO, UAI! - RESPONDEU O MINEIRO.
- SE VOCÊ TIVESSE SEIS AUTOMÓVEIS, VOCÊ ME DAVA UM?
- CLARO QUE SIM!
- E SE VOCÊ TIVESSE SEIS CAMISAS, VOCÊ ME DAVA UMA?
- NÃO!
- MAS POR QUE NÃO?
- PORQUE EU TENHO SEIS CAMISAS!

---

100 MULHERES NO CÉU

CHEGARAM 100 MULHERES NO CÉU E DEUS DISSE:
- QUEM JÁ COMPROU ROUPA ESCONDIDA DO MARIDO QUE CHEGUE MAIS PERTO.
NOVENTA E NOVE MULHERES SE APROXIMARAM, SÓ UMA FICOU.
E DEUS DISSE:
- TRAGA A SURDA TAMBÉM!

ALGO PARA BEBER

EM UM AVIÃO, A COMISSÁRIA DE BORDO PERGUNTA:
- VAI DESEJAR ALGUMA COISA PARA BEBER?
E O SENHOR PERGUNTA:
- QUAIS SÃO AS OPÇÕES?
E A COMISSÁRIA DE BORDO RESPONDE:
- SIM E NÃO!

ASSIM QUE SE FAZ SOPA

JOAQUIM ESTAVA DOENTE E A ESPOSA SE PROPÔS A FAZER UMA SOPA. QUANDO TERMINOU, GRITOU DA COZINHA:
- JOAQUIM, VOCÊ QUER QUE EU COLOQUE A SOPA EM UM PRATO E LEVE PARA VOCÊ?
ELE RESPONDEU:
- NÃO, JOGUE NO CHÃO E EMPURRE COM UM RODO!

DIETA DA LOIRA

A LOIRA VAI AO MÉDICO QUERENDO EMAGRECER E O MÉDICO LHE DÁ A SEGUINTE RECOMENDAÇÃO:
- A SENHORITA COME NORMALMENTE POR DOIS DIAS, PULA O TERCEIRO DIA, COME NORMALMENTE POR MAIS DOIS DIAS, PULA O TERCEIRO DIA, E ASSIM POR DIANTE. EU GARANTO QUE VOCÊ VAI PERDER PELO MENOS CINCO QUILOS NO PRÓXIMO MÊS.
NO MÊS SEGUINTE A LOIRA VOLTA PARA O CONSULTÓRIO VINTE QUILOS MAIS MAGRA, E O MÉDICO ABISMADO LHE DIZ:
- NOSSA! VEJO QUE A SENHORITA SEGUIU MINHAS RECOMENDAÇÕES À RISCA.
E A LOIRA:
- SIM, MAS TENHO DE DIZER QUE QUASE MORRI.
- DE FOME?
- NÃO DOUTOR! DE TANTO PULAR!

COMO OS GAÚCHOS FALAM CREME DENTAL?
R: PASTA DE DEN-TCHÊ.

QUAL É O CARRO QUE DÁ OI?
R: HI-LUX.

___

SOLUÇÃO PERFEITA

TRÊS CARAS RESOLVERAM ATRAVESSAR O DESERTO DE JIPE. UM TÉCNICO EM COMPUTADORES, UM ADVOGADO E UM ACADÊMICO. NO MEIO DA TRAVESSIA, O JIPE QUEBRA. O ADVOGADO DESCE ESBRAVEJANDO, COLÉRICO:
- VOU PROCESSAR OS REVENDEDORES. ONDE JÁ SE VIU? ESTE TIPO DE PROBLEMA NÃO PODIA ACONTECER. ELES VÃO SE VER COMIGO!
UM POUCO MAIS CALMO, O ACADÊMICO TENTA CONTORNAR A SITUAÇÃO:
- VAMOS PROCURAR OS MANUAIS. EM ALGUM LUGAR, DEVE HAVER UM MANUAL COM INSTRUÇÕES PARA ESSES CASOS DE FALHA.
TOTALMENTE DESPREOCUPADO E SEM SEQUER DESCER DO CARRO, O TÉCNICO EM COMPUTADORES DIZ:
- ISSO É SIMPLES. TÃO SIMPLES QUE PODEM VOLTAR PARA O CARRO. BASTA DESLIGAR E LIGAR O JIPE, QUE TUDO FUNCIONA!

POBRE HOMEM

DEPOIS DE SER A MAIOR ATRAÇÃO DO ZOOLÓGICO DURANTE 20 ANOS, O ELEFANTE MORRE. AO LADO DELE, UM HOMEM CHORA SEM PARAR.
UMA MULHER QUE ESTAVA PASSANDO DIZ:
- COITADO! AQUELE DEVE SER O HOMEM QUE CUIDAVA DO ELEFANTE. ELE DEVIA GOSTAR MUITO DELE.
E O MARIDO DA MULHER RESPONDE:
- QUE NADA! ESSE É O HOMEM QUE TEM QUE CAVAR A COVA PARA ENTERRAR O ELEFANTE!

PARANDO A BICICLETA

JOÃOZINHO PARA NA FRENTE DA CÂMARA DE DEPUTADOS, ENCOSTA A BICICLETA E UM SEGURANÇA LOGO APARECE E DIZ:
- Ô MENINO, TIRE LOGO A BICICLETA DAÍ QUE OS POLÍTICOS VÃO PASSAR.
E JOÃOZINHO RESPONDE:
- NÃO SE PREOCUPE, COLOQUEI O CADEADO!

ESCRITÓRIO ABERTO

DOIS ADVOGADOS ESTAVAM JANTANDO EM UM RESTAURANTE QUANDO UM FALA:
- NOSSA, ACHO QUE DEIXEI O ESCRITÓRIO ABERTO.
E O OUTRO:
- MAS QUAL É O PROBLEMA? NÓS ESTAMOS OS DOIS AQUI.

QUAL É O IDIOMA FALADO PELO DOADOR DE ÓRGÃOS?
R: MANDA-RIM.

_____

POR QUE O FILHO DO SOL ESTÁ SEMPRE TRISTE?
R: PORQUE ELE SE SENTE SOLZINHO.

_____

SAPATOS, PARA QUE OS QUERO!

DOIS ADVOGADOS ESTAVAM CAÇANDO QUANDO UM LEÃO OS SURPREENDE EM PLENA SELVA. ESTAVAM COMPLETAMENTE SEM POSSIBILIDADE DE REAGIR. UM DELES IMEDIATAMENTE TIROU OS SAPATOS, AO QUE O OUTRO PERGUNTOU:
- POR QUE ESTÁ TIRANDO OS SAPATOS?
- EU POSSO CORRER MAIS RÁPIDO DESCALÇO!
- BOBAGEM! NÃO IMPORTA O QUANTO VOCÊ CORRA. NUNCA VAI SUPERAR O LEÃO!
- NÃO PRECISO SUPERAR O LEÃO. SÓ TENHO QUE CORRER MAIS QUE VOCÊ.

ADEUS PARA O AVIÃO

TODO DIA QUANDO PASSAVA UM AVIÃO SOBRE A CASA DO MANOEL, ELE DIZIA:
- TCHAU, ARAÚJO! ADEUS!
A MARIA, INTRIGADA, PERGUNTOU:
- MANOEL, COMO SABES QUE É O ARAÚJO QUE ESTÁ LÁ?
- ORA, MARIA, QUEM VIAJA PELO MAR NÃO É MARUJO? ENTÃO, QUEM VIAJA PELO CÉU É ARAÚJO.

QUAL É A IGREJA FREQUENTADA PELO BATMAN?
R: BAT-ISTA.

BOLETIM DO JOÃOZINHO

JOÃOZINHO VOLTAVA DA ESCOLA TODO SORRIDENTE, BRINCANDO COM SEUS COLEGAS. ASSIM QUE CHEGA EM CASA, VÊ O PAI FURIOSO, QUE O QUESTIONA:
- JOÃOZINHO, ONDE ESTÁ O SEU BOLETIM? QUERO DAR UMA BOA OLHADA NAS SUAS NOTAS.
O MENINO PENSA POR UM INSTANTE E RETRUCA:
- INFELIZMENTE NÃO VAI DAR, PAPAI. O BOLETIM NÃO ESTÁ COMIGO.
E O PAI RESPONDE:
- MAS COMO NÃO VAI DAR, JOÃOZINHO? ONDE ESTÁ O SEU BOLETIM?
JOÃOZINHO FINALIZA, SE GABANDO:
- SABE O QUE É? EU EMPRESTEI MEU BOLETIM PARA UM AMIGO QUE QUERIA DAR UM SUSTO NO PAI DELE!

CENOURA SOLTEIRA

O CENOURO DISSE PARA A CENOURA:
- CENOURA!
E ELA RESPONDEU:
- CENOURA NÃO, CENOURITA.

QUAL É O DOCE QUE SEMPRE ARRUMA BRIGA?
R: O BRIGADEIRO.

FESTA NO CÉU

OS BICHOS FIZERAM UMA FESTA NO CÉU.
QUANDO O BAILE IA COMEÇAR, DESCOBRIRAM QUE FALTAVA A GUITARRA. O LEÃO ORDENOU:
- BICHO-PREGUIÇA! VÁ BUSCAR A GUITARRA LÁ NA TERRA!
UMA SEMANA SE PASSOU E NADA DO BICHO VOLTAR. OS ANIMAIS FORAM RECLAMAR COM O LEÃO:
- ISSO JÁ É DEMAIS! QUE FALTA DE CONSIDERAÇÃO!
- DISSE A GIRAFA.
- O BICHO-PREGUIÇA PASSOU DOS LIMITES! - FALOU O TATU.
E FICARAM EM UMA DISCUSSÃO QUANDO, DE REPENTE, A PORTA SE ABRIU E SURGIU O BICHO-PREGUIÇA MUITO TRISTE:
- SE VOCÊS CONTINUAREM FALANDO MAL DE MIM, EU NÃO VOU MAIS!

QUAL É A OPERADORA DE TELEFONE QUE ESTÁ SEMPRE RESFRIADA?
R: A TIIIIIIIMMMMM.

QUAL É A OPERADORA DE TELEFONE QUE SEMPRE CONCORDA COM TUDO?
R: CLARO.

INTRUSO

NA DELEGACIA, O TELEFONE TOCA. O DELEGADO ATENDE E UMA VOZ DESESPERADA DIZ:
- POR FAVOR! MANDE A PATRULHA AQUI EM CASA, PELO AMOR DE DEUS! VAI ACONTECER UMA TRAGÉDIA!
- MAS, O QUE FOI? - PERGUNTA O DELEGADO.
- TEM UM GATO AQUI EM CASA. ENTROU PELA PORTA DOS FUNDOS!
- MAS, QUEM É QUE ESTÁ FALANDO?

- É O PAPAGAIO DA TERCEIRA CASA NA RUA DO SOCORROOO!...
E OUVE-SE UM SOM ESTRANHO E DESLIGA...

UM ASSALTO DIFERENTE

O HOMEM ESTAVA ANDANDO PELA RUA E APARECE UM ASSALTANTE. ELE ENTREGA 50 REAIS AO LADRÃO QUE, EM SEGUIDA, DEVOLVE 25 PARA A VÍTIMA. A VÍTIMA, CONFUSA, QUESTIONA:
- MAS ISSO NÃO É UM ASSALTO?
E O LADRÃO DIZ:
- É SIM, MAS HOJE ESTOU DANDO 50% DE DESCONTO DA BLACK FRIDAY.

QUAL É O MÊS DA MAIONESE?
R: MAIO.

50 ANOS NO JAPÃO

DOIS AMIGOS ESTAVAM CONVERSANDO SOBRE O QUE CADA UM IA FAZER NO ANO NOVO:
- O QUE VOCÊ GOSTARIA DE FAZER PARA O ANO NOVO?
- NÃO SEI, ACHO QUE VOU LEVAR MINHA MULHER PARA FICAR 50 ANOS NO JAPÃO.
- QUE ÓTIMO, E DEPOIS, O QUE VOCÊ VAI FAZER?
- MANDO ALGUÉM IR BUSCÁ-LA.

JOÃOZINHO QUER PAÇOQUINHA

JOÃOZINHO DOIDO PARA COMER PAÇOQUINHA, PERGUNTOU A SUA MÃE:
- MÃE, COMPRA PAÇOQUINHA PARA MIM.
A MÃE RESPONDE:
- TUDO BEM, MEU FILHO. MAS TE DOU O DINHEIRO E VOCÊ VAI COMPRAR, PODE SER?
- CLARO, MÃE. SÓ NÃO SEI ONDE COMPRAR.
A MÃE ENTÃO EXPLICA:
- É SÓ VOCÊ ENTRAR ONDE TIVER UM MONTE DE GENTE

ENTRANDO QUE É LÁ.
ASSIM SEGUE JOÃOZINHO. DE REPENTE JOÃOZINHO VÊ UM MONTE DE PESSOAS ENTRANDO EM UMA IGREJA E LÁ FOI ELE. LÁ DENTRO ELE FICOU ESPERANDO, ATÉ QUE O PADRE PERGUNTOU:
- O QUE O POVO VEM FAZER NA IGREJA?
JOÃOZINHO RESPONDE:
- COMPRAR PAÇOQUINHA!

O QUE É MAIS VELHO DO QUE O PRÓPRIO TEMPO?
R: SOU EU. MINHA MÃE SEMPRE DIZ QUE NASCI ANTES DO TEMPO!

TRATADO DE TORDESILHAS

O PROFESSOR FAZENDO UMA PEQUENA REVISÃO DO ASSUNTO DA AULA PASSADA PERGUNTA AO ALUNO MAIS DESAPERCEBIDO DA SALA:
- ONDE FOI ASSINADO O TRATADO DE TORDESILHAS?
- ORA, PROFESSOR, NO FINAL DA FOLHA?
- GANHOU 10!

QUAL É A AVE QUE ESTÁ SEMPRE MALTRATANDO OUTRAS AVES?
R: E-MÁ.

O QUE É, O QUE É: ANDA COM OS PÉS NA CABEÇA.
R: O PIOLHO.

O QUE É, O QUE É: TEM ASA MAS NÃO VOA?
R: O AVIÃO SEM GASOLINA.

O QUE É, O QUE É: TEM BOCA MAS NÃO FALA?
R: FOGÃO.

CAIPIRA NA CIDADE

UM CAIPIRA FOI MORAR NA CIDADE GRANDE E, SEM SABER O QUE ERA, ENTROU NA LINHA DO TREM.
FOI ANDANDO SOBRE OS TRILHOS ATÉ SER ATROPELADO POR UM TREM.
TEVE DE SER SOCORRIDO COM URGÊNCIA NO HOSPITAL E PASSOU DIAS SE RECUPERANDO DO ACIDENTE. DEPOIS QUE RECEBEU ALTA, O CAIPIRA FICOU TRAUMATIZADO: FOI PRESO EM UM SHOPPING CENTER, POR TER DESTRUÍDO UM FERRORAMA, ENQUANTO BERRAVA:
- ESSE MONSTRO A GENTE TEM DE ELIMINAR ENQUANTO É PEQUENO!

JOÃOZINHO E O SACO DE CIMENTO

JOÃOZINHO ENTRA NO BAR DO SEU JORGE GRITANDO:
- SEU JORGE! SEU FILHO ESTAVA PASSANDO NA FRENTE DA CONSTRUÇÃO E UM SACO DE CIMENTO CAIU NA CABEÇA DELE!
- AI, MEU DEUS! - DESESPEROU-SE O DONO DO BAR.
- CALMA, SEU JORGE... PODIA SER PIOR SE O SACO ESTIVESSE CHEIO!

MOSCA APRENDIZ

UMA MOSCA FEZ SEU PRIMEIRO VOO. QUANDO VOLTOU, SUA MÃE PERGUNTOU:
- COMO FOI, FILHA?
- FOI MARAVILHOSO! POR ONDE PASSAVA, TODAS AS PESSOAS APLAUDIAM!

QUAL É A CARTA DE BARALHO PREFERIDA DO PELÉ?
R: O REI DE COPAS.

QUAL É O CONTRÁRIO DE DIABETES?
R: NOITEBETES.

QUAL É O ANIMAL QUE MAIS SENTE DOR?
R: O CACHORRO. ELE VIVE DIZENDO AU, AU, AU...

MUDANÇA DE RESIDÊNCIA

UMA MUDANÇA NÃO É FÁCIL! E, EM CIMA DE UM CAMINHÃOZINHO CAINDO AOS PEDAÇOS, ENTÃO, NEM SE FALA! A VIZINHANÇA TODA GRITANDO E DISCUTINDO QUAL A MELHOR POSIÇÃO DOS COLCHÕES ETC.
A FAMÍLIA JUNTA OS CACARECOS, PEGA O CACHORRO SARNENTO E VAI TUDO PARA CIMA DO VELHO CAMINHÃO. POR ÚLTIMO, VEM A GAIOLA DO PAPAGAIO, LÁ EM CIMA.
A CAMINHONETE PEGA NO TRANCO, MUITA FUMAÇA E VAI SACUDINDO PELAS RUAS ESBURACADAS, EM DIREÇÃO AO BAIRRO NOVO, VIDA NOVA. MAS, NA PRIMEIRA CURVA, PIMBA! A GAIOLA VAI AO CHÃO, COM PAPAGAIO E TUDO. PARA TUDO, DESCE ALGUÉM, COLOCA DE NOVO A GAIOLA LÁ PARA CIMA E SEGUEM VIAGEM.
E A MESMA COISA VAI SE REPETINDO. PASSA UMA CURVA, E MAIS UM TOMBO. ATÉ QUE O PAPAGAIO, JÁ VERMELHO DE RAIVA, GRITA DA GAIOLA TODA TORTA:
- ASSIM NÃO DÁ! ME DÁ O ENDEREÇO QUE EU VOU A PÉ, CARAMBA!

APRENDENDO A PILOTAR

UM HOMEM VAI LIMPAR A CABINE DE UM AVIÃO E ENCONTRA UM LIVRO COM O TÍTULO "COMO PILOTAR UM AVIÃO – VOLUME 1". ELE CURIOSO ABRE A PÁGINA 1 E VÊ ESCRITO:
"PARA LIGAR O AVIÃO PRESSIONE O BOTÃO VERMELHO". NÃO CONSEGUINDO CONTER A CURIOSIDADE ELE APERTA O BOTÃO VERMELHO E O AVIÃO COMEÇA A FAZER O BARULHO DO MOTOR.
NA PÁGINA 2 ELE LÊ:
"PARA MOVIMENTAR O AVIÃO PRESSIONE O BOTÃO AZUL."
A CURIOSIDADE É ENORME, ELE APERTA O BOTÃO AZUL E O AVIÃO COMEÇA A VOAR.
O HOMEM FICA MUITO ANIMADO POR CONSEGUIR FAZER TÃO FACILMENTE O AVIÃO VOAR. APÓS ALGUNS MINUTOS DE VOO ELE COMEÇA A PASSAR AS PÁGINAS E DESMAIA AO ENCONTRAR ESCRITO NA ÚLTIMA PÁGINA:
"PARA APRENDER A ATERRISSAR O AVIÃO, COMPRE O VOLUME 2 NAS MELHORES LIVRARIAS."

FALTA DE ESPAÇO OU GRAMÁTICA?

RICARDINHO FEZ UMA PROVA NA ESCOLA E TIROU NOTA BAIXA NA REDAÇÃO. NO MEIO DO TEXTO, ESCREVEU "O GATO NÃO CABEU NA CASINHA". A PROFESSORA, TENTANDO INCENTIVÁ-LO A APRENDER A MANEIRA CORRETA, PEDIU QUE RICARDINHO ESCREVESSE A PALAVRA "COUBE" 10 VEZES EM UMA FOLHA.

QUANDO TERMINOU, A PROFESSORA CONTOU AS PALAVRAS E FALOU EM TOM DE CURIOSIDADE:

- VOCÊ SÓ ESCREVEU "COUBE" 9 VEZES, RICARDINHO. O QUE HOUVE?

E ELE PRONTAMENTE RESPONDEU:

- A ÚLTIMA NÃO "CABEU", PROFESSORA!

QUAL É O CONTRÁRIO DE CORRIMÃO?
R: ANDAPÉ.

DOIS SAPOS VOANDO

DOIS SAPOS VOANDO. DE REPENTE, UM OLHA PARA O OUTRO E DIZ:
- EPA! SAPO NÃO VOA!
- É MESMO!
COMEÇARAM A CAIR. NO MEIO DA QUEDA O OUTRO SAPO DIZ:
- MAS ESPERE AI! SAPO NÃO FALA!
- É MESMO!
E CONTINUARAM VOANDO...

QUEM É O PAI DA HORTA?
R: O PAI-PINO.

QUEM É O REPÓRTER ESPORTIVO MAIS ASSISTIDO PELOS CACHORROS?
R: É O LA-TINO MARCOS.

CUSPINDO NO CHÃO

UM MOÇO ENCONTROU UM HOMEM PORCALHÃO CUSPINDO NO CHÃO. O MOÇO FALOU PARA ELE:
- MEU AMIGO, VOCÊ NÃO TEM VERGONHA DE FICAR CUSPINDO NO CHÃO? ISSO É FALTA DE RESPEITO.
- OLHE, EU JÁ TENTEI CUSPIR NO TETO, MAS CAÍA NO MEU OLHO TODA VEZ.

SUBTRAÇÃO DO JOÃOZINHO

A PROFESSORA PERGUNTA:
- JOÃOZINHO, QUANTO QUE É UM MENOS UM?
- É UM, PROFESSORA.
- NÃO, JOÃOZINHO. EU VOU DAR UM EXEMPLO. EU TENHO UMA MANGA, EU A COMI. O QUE SOBROU?
- SOBROU O CAROÇO.

OUTRO TESTE

OS MÉDICOS PRECISAVAM LIBERAR PACIENTES DO HOSPÍCIO SUPERLOTADO. RESOLVERAM FAZER UM EXAME RADICAL PARA VER QUEM JÁ ESTAVA BOM. E SAÍRAM PELOS CORREDORES DO HOSPÍCIO GRITANDO:
- INUNDAÇÃO!!!
TODOS OS DOIDOS COMEÇARAM A NADAR NO CHÃO, MENOS O FAMOSO DOIDO, QUE ESTAVA SENTADO EM UM BANCO, SORRINDO. O MÉDICO PENSOU: "É ESSE!" E PERGUNTOU PARA O DOIDO:
- POR QUE VOCÊ NÃO ESTÁ NADANDO?
- VOU ESPERAR A LANCHA QUE É MAIS RÁPIDO!

O QUE É, O QUE É: ANDA COM A BARRIGA PARA TRÁS.
R: A PERNA.

QUAL É O CONTRÁRIO DE RODAPÉ?
R: QUADRADOMÃO.

DOIS LITROS DE LEITE ATRAVESSARAM A RUA E FORAM ATROPELADOS.
UM MORREU; OUTRO NÃO. POR QUÊ?
R: PORQUE UM DELES ERA LONGA VIDA!

QUAL É O PROBLEMA DO THOR COM O LEITE?
R: ELE TEM IN-THOR-LERÂNCIA À LACTOSE.

O QUE É, O QUE É: QUEBRA-SE QUANDO FALAMOS.
R: O SEGREDO.

QUAL É O POTE QUE TOCA MÚSICA?
R: O S-POTE-FY.

NÃO FOI POR FALTA DE AVISO

A ESPOSA DIZ PARA O MARIDO:
- SE EU SOUBESSE QUE VOCÊ ERA TÃO POBRE, NEM TERIA ME CASADO COM VOCÊ...
O MARIDO RESPONDE:
- MAS NÃO FOI POR FALTA DE AVISO. EU SEMPRE TE DISSE: VOCÊ É TUDO O QUE EU TENHO!

QUAL É O CARRO QUE SEMPRE ANDA DE RÉ?
R: O RÉ-NOW.

QUAIS SÃO OS ANIMAIS QUE COMEM COM OS OLHOS?
R: TODOS. NENHUM ANIMAL TIRA OS OLHOS PARA COMER.

NO LABORATÓRIO

O CIENTISTA FALA PARA UM COLEGA:
- INVENTEI UMA PÍLULA QUE MATA A SEDE.
- NOSSA! E COMO ELA FUNCIONA?
- É SÓ TOMAR A PÍLULA COM DOIS COPOS DE ÁGUA.

PEIXE SAUDÁVEL

UM HOMEM PERGUNTA AO SEU AMIGO QUE É MÉDICO:
- PEIXE É REALMENTE SAUDÁVEL?
- BEM, PELO MENOS ATÉ HOJE EU NUNCA ATENDI NENHUM PEIXE EM MEU CONSULTÓRIO.

QUAL É O SOBRENOME QUE TODO MUNDO TEM?
R: COSTA.

COMO SE CHAMA O SMARTPHONE PREFERIDO DOS CACHORROS?
R: AU-PHONE.

QUE COCEIRA!

A TIA PERGUNTA AO SOBRINHO:
- MENINO, POR QUE VOCÊ ESTÁ COÇANDO TANTO A CABEÇA?
- É POR CAUSA DE UM PIOLHO MORTO.
- UM PIOLHO MORTO FAZ VOCÊ SE COÇAR TANTO ASSIM?
- É QUE OS PARENTES VIERAM PARA O VELÓRIO!

CHINESES CONFUSOS

O ALUNO CHINÊS PERGUNTA AO SEU MESTRE:
- MESTRE SHI, POR QUE TODOS OS CHINESES SÃO TÃO PARECIDOS?
E O MESTRE RESPONDE:
- EU NÃO SOU O MESTRE SHI!

QUANTOS MOSQUITOS!

UM MENINO CHAMOU O PAI NO MEIO DA NOITE E DISSE:
- TEM MUITOS MOSQUITOS NO MEU QUARTO.
- APAGUE A LUZ QUE ELES VÃO EMBORA.
LOGO DEPOIS, APARECEU UM VAGA-LUME.
O MENINO CHAMOU O PAI OUTRA VEZ:
- PAI, SOCORRO! OS MOSQUITOS ESTÃO VINDO COM LANTERNAS.

QUAIS SÃO AS RELIGIÕES DOS CACHORROS?
R: CÃOTÓLICO E CÃODOMBLÉ.

COMIDA DE BALEIA

A PROFESSORA EXPLICA:
- A BALEIA É UM MAMÍFERO MUITO GRANDE QUE SÓ SE ALIMENTA DE SARDINHA.
O ALUNO FICA CURIOSO:
- E COMO ELA ABRE AS LATAS, PROFESSORA?

QUAL PÁSSARO GOSTARIA DE SER UM AVIÃO?
R: O GAVIÃO.

CRIANÇA PERIGOSA

A MÃE PERGUNTA AO MÉDICO:
- DOUTOR! DOUTOR! MEU FILHO ENGOLIU UMA BALA! O QUE EU FAÇO?
O MÉDICO RESPONDE:
- SÓ NÃO APONTE O MENINO PARA NINGUÉM!

QUAL É O DOCE MAIS NAMORADOR?
R: O BEIJINHO.

O SMART E O PHONE

O CAIPIRA GANHA UM SMARTPHONE NA LOTERIA. ENTÃO, UM CURIOSO PERGUNTA:
- JÁ SABE O QUE VOCÊ VAI FAZER COM O PRÊMIO?
O CAIPIRA RESPONDE:
- VOU FICAR COM O PHONE E DAR O SMART PARA MINHA IRMÃ PASSAR NAS UNHAS.

A SORTE DO LOUCO

O LOUCO VÊ UMA MÁQUINA DE REFRIGERANTE E FICA MARAVILHADO. COLOCA UMA FICHINHA E CAI UMA LATINHA. COLOCA DUAS FICHINHAS E CAEM DUAS LATINHAS. COLOCA DEZ FICHINHAS E CAEM DEZ LATINHAS. ENTÃO, ELE VAI AO CAIXA E PEDE 50 FICHINHAS. O CAIXA COMENTA:
- DESSE JEITO, O SENHOR VAI ACABAR COM AS MINHAS FICHAS!
- NÃO VOU PARAR ENQUANTO ESTIVER GANHANDO.

TÁ PEGANDO FOGO!

NO HOSPÍCIO, O DOIDO TELEFONA PARA O CORPO DE BOMBEIROS E AVISA:
- TÁ PEGANDO FOGO NO HOSPÍCIO.
RAPIDAMENTE OS BOMBEIROS CHEGAM AO LOCAL:
- ONDE É O FOGO?
O DOIDO:
- VOCÊS VIERAM TÃO RÁPIDO QUE AINDA NEM DEU TEMPO DE BOTAR.

QUAL É A AVE MAIS COLORIDA DO REINO ANIMAL?
R: A COR-UJA.

O QUE ACONTECE QUANDO UMA TINTA ACABA?
R: ELA É EX-TINTA.

QUAL É O UTENSÍLIO MAIS CARO DA COZINHA?
R: O AÇU-CAREIRO.

O MISTÉRIO DA LETRA C

A PROFESSORA PERGUNTA PARA JOÃOZINHO:
- ME DIGA UMA PALAVRA COM A LETRA C.
JOÃOZINHO RESPONDEU:
- VASSOURA!
A PROFESSORA QUESTIONA:
- E ONDE ESTÁ O C EM VASSOURA?
E JOÃOZINHO RESPONDE:
- NO CABO!

GENTILEZA GERA GENTILEZA

O SUJEITO ESTAVA TRANQUILO NA BARRACA DE FEIRA, VENDENDO MELANCIAS E GRITANDO:
- OLHA A MELANCIA! ESSA É DA BOA E BARATA! APENAS VINTE REAIS CADA.
NISSO, ENCOSTA UM HOMEM ENORME DE QUASE DOIS METROS DE ALTURA E DIZ:
- Ô MEU AMIGO, VINTE REAIS ESTÁ MUITO CARO... NÃO QUERO NEM SABER... SÓ VOU LEVAR A METADE, PODE IR CORTANDO AÍ.
APAVORADO DE MEDO, O SUJEITO DIZ AO HOMEM ENORME:
- OLHA, SENHOR, EU NÃO SOU O DONO DA BARRACA E NÃO POSSO CORTAR... MAS O SENHOR AGUARDE UM INSTANTE QUE O PATRÃO ESTÁ EM OUTRA BARRACA ALI NA FRENTE E EU VOU FALAR COM ELE. SE ELE AUTORIZAR, EU CORTO A MELANCIA PARA O SENHOR.
DISSE ISSO E FOI FALAR COM O PATRÃO, SÓ NÃO NOTOU QUE O HOMEM ENORME FOI ATRÁS DELE. CHEGANDO LÁ, FALOU PARA O PATRÃO:
- Ô PATRÃO, TEM UM PÃO DURO QUERENDO COMPRAR SÓ A METADE DA MELANCIA...
QUANDO OLHOU PARA TRÁS E VIU O HOMEM, COMPLEMENTOU:
- E ESSE CAVALHEIRO AQUI VAI LEVAR A OUTRA METADE.

OBEDECENDO O PAI

UM PAI DISSE AO FILHO:
- SE VOCÊ TIRAR NOTA BAIXA NA PROVA DE AMANHÃ, ME ESQUEÇA!
NO DIA SEGUINTE QUANDO ELE VOLTOU DA ESCOLA O PAI PERGUNTOU:
- E AÍ, COMO FOI NA PROVA?
O FILHO RESPONDE:
- QUEM É VOCÊ?

O QUE O BATMAN SENTE NO PEITO?
R: O BAT-MENTO.

QUAL ANIMAL É O REI DAS CHARADAS?
R: O SAPO, QUE ACERTA TODAS NA MOSCA.

NÃO DISCUTE COM O MALUCO

DOIS LOUCOS ESTÃO EM UMA RUA, QUANDO UM DIZ PARA O OUTRO:
- OLHA UM BURACO, SERÁ QUE DÁ PARA IR AO JAPÃO POR ELE?
- CLARO QUE NÃO, SEU MALUCO! NÃO ESTÁ VENDO QUE NÃO TEMOS PASSAGENS?

POR QUE A GALINHA NÃO CONSEGUE VIVER NA CIDADE GRANDE?
R: PORQUE É GALINHA CAIPIRA.

CRIANÇADA ESTUDIOSA

A PROFESSORA FAZ PERGUNTAS DE LÍNGUA PORTUGUESA:
- SERGINHO, COM QUE LETRA SE ESCREVE A PALAVRA "COELHO"?
- C, PROFESSORA!
- ACERTOU, GAROTO!
E CONTINUA:
- SONINHA, A PALAVRA "ÍNDIO" SE ESCREVE COM I OU H?
- HUMM... COM I PROFESSORA!
- ISSO MESMO GAROTA, ACERTOU!
E CONTINUA:
- LAURA, QUAL A PRIMEIRA LETRA DA PALAVRA "BRASIL"?
- É A LETRA B, TIA!
- ISSO MESMO, GAROTA!
CHEGA A VEZ DE JOÃOZINHO, QUE ESTAVA MEXENDO COM O CELULAR:
- JOÃOZINHO, VAMOS VER SE VOCÊ ESTÁ PRESTANDO ATENÇÃO NA AULA: A PALAVRA QUEIJO COMEÇA COM QUE LETRA?
O MOLEQUE OLHA DISTRAÍDO SEM TER OUVIDO A PROFESSORA E DIZ:
- O QUÊ?
- ISSO MESMO, ACERTOU!

POR QUE O SOLDADO DO EXÉRCITO SE CAMUFLA DE VERDE?
R: PORQUE AÍ SÓ DÁ PARA VER-DE PERTO.

POR QUE A ENFERMEIRA ESTÁ SEMPRE CANSADA?
R: PORQUE ELA SÓ CORRE.

POR QUE O PEQUENO MARIO VENCE TODAS AS COMPETIÇÕES DE NATAÇÃO?
R: POR QUE ELE É O MARINHO.

GRAMÁTICA

O ALUNINHO DO PRÉ-PRIMÁRIO AVISA A PROFESSORA:
- EU NÃO TEM LÁPIS, POFESSOLA!
- NÃO É ASSIM QUE SE FALA. O CERTO É "EU NÃO TENHO LÁPIS", "TU NÃO TENS LÁPIS", "ELE NÃO TEM LÁPIS", "NÓS NÃO TEMOS LÁPIS", "VÓS NÃO TENDES LÁPIS" E "ELES NÃO TÊM LÁPIS", ENTENDEU?
- NÃO! ONDE É QUE FORAM PARAR TODOS ESSES LÁPIS?

POR QUE EXISTEM TANTAS RAQUETES ELÉTRICAS NA RÚSSIA?
R: PORQUE LÁ TEM MUITO MOSCOU.

ANIVERSÁRIO

A NAMORADA DO GAGO FAZIA ANIVERSÁRIO.
TOCA O TELEFONE:
- PA-PA-RA-BE-BE-BÉNS PRA VO-VOCÊ. ADI-VI-VINHA QUEM TÁ FA-FA-LANDO!?

O LADRÃO E O POLÍTICO

O LADRÃO FOI ASSALTAR UM POLÍTICO:
- PASSA O DINHEIRO!
- CALMA! CALMA! EU SOU DEPUTADO.
- AH, NESSE CASO, DEVOLVA O MEU DINHEIRO.

INTERPRETAÇÃO NO ASSALTO

UM BANDIDO VAI ASSALTAR UM RAPAZ:
- PASSA A CARTEIRA, MERMÃO!
- CALMA! CALMA! EU NÃO TENHO DINHEIRO!
- EU PEDI DINHEIRO? EU QUERO É A CARTEIRA, QUE A MINHA JÁ ESTÁ MUITO VELHA.

POR QUE OS PATOS SÃO INFIÉIS?
R: PORQUE ESTÃO SEMPRE COM DUAS PATAS.

ASSALTANTE DO BEM

UM BANDIDO ASSALTA UM HOMEM:
- PASSA O CELULAR!
- CALMA! CALMA! EU NÃO TENHO CELULAR.
- TUDO BEM, EU TENHO DOIS, PODE FICAR COM ESSE.
- OBRIGADO!

POR QUE O VOVÔ LEVOU UMA MULTA NO DIA DO SEU ANIVERSÁRIO?
R: PORQUE ELE PASSOU DOS OITENTA.

A ESPOSA E O LIQUIDIFICADOR

- QUERIDA, ONDE VOCÊ ESTÁ?
- ESTOU EM CASA, MEU AMOR.
- CERTEZA?
- SIM!
- ENTÃO LIGA O LIQUIDIFICADOR
- RRRRRRRRRRRR!
NO OUTRO DIA:
- QUERIDA, ONDE VOCÊ ESTÁ?
- ESTOU EM CASA, MEU AMOR.
- CERTEZA?
- SIM!
- ENTÃO LIGA O LIQUIDIFICADOR.
- RRRRRRRRRRRR!
NO DIA SEGUINTE, DECIDE IR MAIS CEDO PARA CASA:
- MEU FILHO, ONDE ESTÁ A MAMÃE?
- NÃO SEI, PAPAI, ELA SAIU E LEVOU O LIQUIDIFICADOR!

COM ISSO NÃO SE BRINCA

O FILHO PERGUNTA PARA A MÃE:
- MÃE, É VERDADE QUE AS PESSOAS DA NOSSA FAMÍLIA MORREM DE REPENTE?
- MÃE? MÃE, MAMÃE! MÃÃÃÃÃE...
E A MÃE RESPONDE.
- ERA SÓ UMA BRINCADEIRINHA, MEU FILHO. FILHO? FILHINHO? FIIIIILHOOOOO!

POR QUE O FABIANO, DA DUPLA SERTANEJA, CONSEGUIU ENTRAR NA MONTANHA-RUSSA E O CESAR NÃO?
R: PORQUE CESAR MENOR QUE FABIANO.

MÃE CUIDADOSA

NA PRAIA, O GAROTINHO PERGUNTA:
- MAMÃE! JÁ POSSO ENTRAR NA ÁGUA?
- VAI, SIM, FILHO. MAS TENHA CUIDADO PARA NÃO SE MOLHAR.

LOIRA ESPERTA

A LOIRA VAI AO MÉDICO E ELE PERGUNTA:
- EU TE DISSE PARA TOMAR O REMÉDIO ÀS 9:00H, POR QUE VOCÊ TOMOU ÀS 6:00H?
A LOIRA RESPONDE ORGULHOSA:
- DOUTOR, EU TOMEI ÀS 6:00H PARA PEGAR AS BACTÉRIAS DE SURPRESA!

TIRADENTES, O HERÓI

A PROFESSORA FAZ PROVA ORAL E PERGUNTA PARA JOÃOZINHO:
- O QUE VOCÊ SABE SOBRE O TIRADENTES?
- AH, PROFESSORA, ELE MORREU ENFORCADO.
- SÓ ISSO?
- POXA, PROFESSORA, ELE FOI ENFORCADO E A SENHORA AINDA ACHA POUCO?

UM DIA UM MENINO PERGUNTOU PARA O PAPAI NOEL:
- VOCÊ RÓI AS UNHAS?
O PAPAI NOEL RESPONDEU:
- ROU, ROU, ROU!

VIAGEM RÁPIDA

O PORTUGUÊS LIGA PARA A COMPANHIA AÉREA E PERGUNTA:
- QUANTO TEMPO LEVA UMA VIAGEM DO BRASIL PARA PORTUGAL?
- SÓ UM MINUTO...
- MUITO OBRIGADO!

INSTRUÇÕES NA CAIXA

O PORTUGUÊS CHEGA AO MERCADO E COMPRA UMA CAIXA DE LEITE. NO MESMO LOCAL ELE ABRE A CAIXA E A ATENDENTE, ESTRANHANDO A SITUAÇÃO, PERGUNTA:
- POR QUE O SENHOR ABRIU A CAIXA DE LEITE?
E ELE RESPONDE:
- PORQUE NA EMBALAGEM DIZIA "ABRA AQUI".

POR QUE NÃO DEVEMOS JOGAR SABONETE ANTIACNE NOS RIOS?
R: PORQUE OS PEIXES PODEM PERDER AS ESPINHAS.

POR QUE O PORTUGUÊS FOI AO ORTOPEDISTA COM UM CD NAS COSTAS?
R: PORQUE ESTAVA COM HÉRNIA DE DISCO.

POR QUE O PEIXE NUNCA VAI AO ESTÁDIO DE FUTEBOL?
R: PORQUE ELE TEM MEDO DA REDE.

SABEDORIA

OSVALDO ESTAVA EM CIMA DE SUA CASA PREGANDO ALGUNS CABOS, QUANDO UM DOS PREGOS ESCAPA DE SUA MÃO E CAI. OLHANDO PARA O PREGO LÁ EMBAIXO ELE DIZ:
- EU NÃO VOU DESCER PARA PEGAR APENAS UM PREGO!
E JOGOU TODOS OS OUTROS PREGOS LÁ EMBAIXO.

FARMÁCIA VENDE REMÉDIOS

UM HOMEM FOI À FARMÁCIA E PERGUNTOU PARA A ATENDENTE:
- VOCÊS VENDEM RELÓGIOS?
A ATENDENTE RESPONDE:
- NÃO. NÃO VENDEMOS RELÓGIOS AQUI.
O HOMEM DIZ DECEPCIONADO:
- MAS ME DISSERAM QUE O TEMPO ERA O MELHOR REMÉDIO.

APRENDENDO A NÃO PROVOCAR A MÃE

O FILHO DIZ PARA A MÃE:
- MÃE, COMPREI UM RELÓGIO!
- QUE MARCA?
- AS HORAS.
- ENGRAÇADINHO. COMPREI UM CINTO!
- QUE MARCA?
- AS COSTAS.

PEDINDO INFORMAÇÕES

O PORTUGUÊS ESTAVA CAMINHANDO NA RUA E UM CARRO PARA AO SEU LADO PEDINDO INFORMAÇÕES:
- VOCÊ VIU UMA SENHORA DE VERMELHO DOBRANDO A ESQUINA?
E ELE RESPONDE:
- NÃO... QUANDO EU CHEGUEI AQUI, A ESQUINA JÁ ESTAVA DOBRADA.

POR QUE O DANÇARINO PREFERE COREL AO PHOTOSHOP?
R: PORQUE ELE VIVE ENSAIANDO A CORELGRAFIA.

POR QUE O JARDINEIRO NÃO BRIGA COM AS PLANTAS?
R: PORQUE ELE SEMPRE A REGA.

POR QUE A CIGARRA ENTROU NO BAR?
R: PARA COMPRAR CIGARRO.

POR QUE O HOMEM USA TERNO NO DIA DO CASAMENTO?
R: PORQUE O AMOR É TERNO.

ENSINANDO A PROFESSORA

JOÃOZINHO CHEGA ATRASADO NA AULA MAIS UMA VEZ E A PROFESSORA FALA:
- POXA VIDA! CHEGOU ATRASADO DE NOVO, JOÃOZINHO!
ELE RESPONDE:
- MAS A SENHORA DISSE QUE NUNCA É TARDE PARA APRENDER.

O DINOSSAURO SÁBIO

DOIS DINOSSAUROS COMIAM SEMÁFOROS, QUANDO UM VIRA PARA O OUTRO E DIZ:
- NÃO COMA ESSE. ELE AINDA ESTÁ VERDE!

QUESTÃO DE ENGENHARIA

- NO PRÉDIO ONDE EU MORO NÃO TEM O 13° ANDAR.
- UÉ, POR QUE NÃO? O DONO DO PRÉDIO É SUPERSTICIOSO?
- NÃO, É QUE O PRÉDIO SÓ VAI ATÉ O 8° ANDAR MESMO.

UMA SENHORA ESTÁ NA PORTA DA CASA COM SEU GATO, QUANDO PASSA UM SENHOR E PERGUNTA: ARRANHA?
R: A SENHORA RESPONDE: NÃO, GATO!

POR QUE O PINTINHO DE UMA PERNA SÓ FEZ UMA ESCULTURA?
R: PORQUE ELE ERA ALEIJADINHO.

NO DENTISTA

- FUI AO DENTISTA PARA TIRAR UM DENTE E ELE TIROU TRÊS.
- SEUS DENTES ESTAVAM ESTRAGADOS?
- NÃO. MAS O DENTISTA NÃO TINHA TROCO.

FATOS INCOMPREENSÍVEIS

DUAS LOIRAS CONVERSANDO:
- AMIGA, VOCÊ SABIA QUE AS CAIXAS-PRETAS DOS AVIÕES... SÃO LARANJAS?
A OUTRA:
- O QUÊ??? NÃO SÃO CAIXAS???

POR QUE AS PESSOAS VIAJAM EM PÉ?
R: PORQUE APÓS A REFORMA ORTOGRÁFICA, VOO NÃO TEM MAIS ACENTO.

POR QUE O SABÃO NÃO SE INTROMETE NOS ASSUNTOS DOS OUTROS?
R: PORQUE O SABÃO É NEUTRO.

A MANEIRA CERTA DE PROVOCAR

A PROFESSORA PERGUNTA PARA O JOÃOZINHO:
- JOÃOZINHO, VOCÊ SABE COMO SE PROVOCA UMA QUEIMADA?
E O GAROTO RESPONDE:
- FÁCIL! CHAMANDO-A DE FRIA, PROFESSORA!

POR QUE O HOMEM BEBEU O SUCO DEVAGAR?
R: PORQUE ELE É SUCO-LENTO.

PLAFT, PLUFT!

ERA UMA VEZ DOIS TOMATES: PLAFT E PLUFT. CERTO DIA, FORAM ATRAVESSAR UMA AVENIDA.
- OLHA O CARRO... PLAFT!
- ONDE? PLUFT!

COMO O SOLDADO SABIA QUE VENCERIA A GUERRA?
R: PORQUE ESTAVA FARDADO AO SUCESSO.

SEMPRE ROMÂNTICO

O HOMEM SE VIRA PARA A MULHER E DIZ:
- PEIDEI!
A MULHER DIZ:
- NOSSA, VOCÊ TEM QUE SER MAIS ROMÂNTICO.
O HOMEM ENTÃO DIZ:
- PEIDEI PENSANDO EM VOCÊ!

QUANDO A OPERAÇÃO DÁ ERRADA

DOIS AMIGOS SE ENCONTRAM E UM CONTA AO OUTRO:
- SABIA QUE ME OPERARAM DO APÊNDICE NO MÊS PASSADO?
- SÉRIO? E COMO FOI?
- A OPERAÇÃO FOI BEM, ESQUECERAM UMA ESPONJA DENTRO DE MIM.
- E DÓI?
- NÃO, MAS MORRO DE SEDE!

POR QUE RECOMENDAM FICAR NU NA HORA DE UM TIROTEIO?
R: PARA NÃO CORRER O RISCO DE LEVAR TIRO À QUEIMA-ROUPA.

POR QUE A MULHER SÓ CONVERSAVA NO BANHEIRO E NUNCA CONTAVA NADA ÀS AMIGAS?
R: PORQUE ELA PREFERE A CONVERSA PRIVADA.

TEMPOS MODERNOS

UM RAPAZ CHEGOU EM UM VELÓRIO E A PRIMEIRA COISA QUE PERGUNTOU FOI:
- QUAL É A SENHA DO WI-FI?
UM PARENTE INCOMODADO DISSE:
- RESPEITE O MORTO!
E ELE PERGUNTOU:
- É TUDO JUNTO?

POR QUE O PREGO É CONSIDERADO UM OBJETO TÃO EDUCADO?
R: PORQUE ELE NUNCA ENTRA SEM BATER.

LADO BOM DA ESCOLA

O FILHO CONTA PARA A MÃE:
- MÃE, DESCOBRI O LADO BOM DA ESCOLA.
- E QUAL É, MEU FILHO?
- O LADO DE FORA!

GENTE LOUCA

O LOUCO ENTRA NO ÔNIBUS E ESBARRA EM UMA MULHER. INCOMODADA, ELA DIZ:
- VOCÊ É CEGO OU O QUÊ?
O LOUCO PRONTAMENTE RESPONDE:
- SE FOR PARA ESCOLHER, EU SOU O QUÊ!

POR QUE O DINOSSAURO NÃO BATE PALMAS?
R: PORQUE ELE ESTÁ EXTINTO.

FOLHAS ABANDONADAS

ESTAVAM DUAS FOLHAS EM UMA IMPRESSORA, UMA SE VIRA PARA A OUTRA E PERGUNTA:
- HÁ QUANTOS ANOS ESTÁS AÍ?
A OUTRA RESPONDEU:
- A4.

PRODUTO EFICAZ

SEU JOAQUIM CHEGA EM CASA TODO FELIZ:
- PRONTO, MARIA. TÁ AQUI A ENCOMENDA QUE VOCÊ PEDIU.
- MAS, Ó, JOAQUIM, ERA PRA TRAZER-ME VENENO PARA RATOS E ISTO AQUI É UMA CAIXA DE CHÁ!
- MAS MARIA, TOLINHA! AQUI ESTÁ DIZENDO MATE LEÃO. SE ISTO MATA ATÉ LEÃO, IMAGINA OS RATOS!

POR QUE AS PESSOAS QUE ENCOSTAM O OUVIDO NO TÚMULO DO BEETHOVEN ESCUTAM A MÚSICA DELE AO CONTRÁRIO?
R: PORQUE ELE ESTÁ DECOMPONDO.

POR QUE O CEBOLINHA FOI DEMITIDO DO RESTAURANTE?
R: PORQUE DEU UMA SALADA NO AR.

PREVENÇÃO

O SUJEITO NO MÉDICO:
- DOUTOR, TENHO TENDÊNCIAS SUICIDAS. O QUE FAÇO?
- EM PRIMEIRO LUGAR, PAGUE A CONSULTA.

QUEM AVISA, AMIGO É

A LOIRA CHEGA DE MOTO NA PRAIA E ESTACIONA NA BEIRA DO MAR AGITADO. O SALVA-VIDAS VÊ A CENA E AVISA:
- MOÇA, O MAR VAI LEVAR A SUA MOTO.
A LOIRA RESPONDE:
- IMPOSSÍVEL! EU ESTOU COM A CHAVE!

QUAL É O FAMOSO PINTOR QUE TEM UMA MARCA DE ARTIGOS ESPORTIVOS?
R: NIKELANGELO.

A VERDADE SOBRE A GRIPE

UM REPÓRTER PERGUNTA AO MINISTRO DA SAÚDE:
- QUAL A SITUAÇÃO ATUAL DA GRIPE NO BRASIL?
- EMPATADA - RESPONDE O MINISTRO.
- COMO ASSIM? - QUESTIONA O REPÓRTER.
E O MINISTRO EXPLICA:
- H1 N1!

QUAL É O PÁSSARO MAIS PRESTATIVO?
R: Á-GUIA.

PORTUGUÊS BONDOSO

O PORTUGUÊS ESTÁ PASSEANDO DE CARRO E ATROPELA UMA VELHINHA. O GUARDA DE TRÂNSITO PERGUNTA:
- POR QUE VOCÊ NÃO BUZINOU PARA ALERTAR A VELHINHA?
E O PORTUGUÊS EXPLICA:
- É QUE EU NÃO QUERIA ASSUSTÁ-LA.

QUAL É O CARRO PREFERIDO DOS NETOS?
R: É O VÔ-YAGE.

FALTA DE RESPEITO NO TRABALHO

A MULHER PERGUNTA AO HOMEM:
- O QUE VOCÊ FAZ?
O HOMEM RESPONDE:
- EU TRAFICO ÓRGÃOS.
A MULHER ESPANTADA DIZ:
- VOCÊ NÃO TEM CORAÇÃO?
O HOMEM RESPONDE:
- ISSO FOI UMA ENCOMENDA OU UMA CRÍTICA?

QUAL É A CANTORA QUE SEMPRE TEM UM BULE NA BANDA?
R: CHÁ-QUIRA.

PRESENTE PARA NAMORADA

O RAPAZ CONTA PARA UM AMIGO:
- NO NATAL DO ANO PASSADO, DEI UM COLAR DE PÉROLAS PARA MINHA NAMORADA.
- E O QUE ELA ACHOU?
- DISSE QUE NÃO TINHA PALAVRAS PARA AGRADECER. NÃO SEI QUAL PRESENTE DEVO COMPRAR ESTE ANO.
- ORA, COMPRE UM DICIONÁRIO!

QUAL É O PERSONAGEM DE HISTÓRIA INFANTIL QUE QUASE MUDOU DE VIDA MAS NÃO CONSEGUIU?
R: QUASIMUDO.

FORÇA GALINÁCEA

EM UMA FAZENDA, DOIS HOMENS CONVERSAM E UM PERGUNTA AO OUTRO:
- SERÁ QUE VOCÊ É MAIS FORTE QUE UMA GALINHA?
- MAS É CLARO QUE SOU!
E O PRIMEIRO COMPLETA:
- ENTÃO BOTE UM OVO.

O SAL FOI RUDE COM O AÇÚCAR. O QUE O AÇÚCAR RESPONDEU?
R: QUE SAL GROSSO!

RUIM DE MIRA

DURANTE O JOGO DE FUTEBOL, O FILHO PERGUNTA AO PAI:
- PAPAI, POR QUE OS TORCEDORES ESTÃO VAIANDO AQUELE JOGADOR?
O PAI RESPONDE:
- PORQUE ELE TENTOU ACERTAR O ÁRBITRO.
- MAS ELE NÃO ACERTOU, PAI!
E O PAI COMPLETA:
- EXATAMENTE POR ISSO ELE ESTÁ SENDO VAIADO!

QUAL A DIFERENÇA ENTRE O DIA E A NOITE?
R: A TARDE.

MÉDICO EM PORTUGAL

UM PACIENTE CHEGA AO CONSULTÓRIO CHORANDO DE TANTA DOR E DIZ AO MÉDICO PORTUGUÊS:
- POXA, DOUTOR, QUEBREI O MEU BRAÇO EM DOIS LUGARES. PRECISO DE AJUDA. O QUE EU FAÇO?
O MÉDICO, PENSATIVO, RESPONDE:
- OLHA, ACHO MELHOR QUE VOCÊ NÃO VOLTE A ESSES LUGARES NUNCA MAIS!

O QUE UM PRÉDIO FALOU PARA O OUTRO?
R: MAS QUE ANDAR BONITO.

O CAIPIRA E A TV

O CAIPIRA ESTAVA TRANQUILO, DEITADO NA SALA ASSISTINDO À TELEVISÃO, QUANDO O SEU COMPADRE PASSOU E ACENOU PELA JANELA:
- BOM DIA, COMPADRE... FIRME?
- NÃO. POR ENQUANTO TÁ PASSANDO FUTEBOR...

ESMOLA

MENDIGO CHEGA PARA UMA SENHORA E PEDE UMA ESMOLA.
- EM VEZ DE FICAR PEDINDO ESMOLAS, POR QUE NÃO VAI TRABALHAR?
- DONA, ESTOU PEDINDO ESMOLA E NÃO CONSELHOS!

QUAL É A CANTORA QUE ESTÁ SEMPRE PRESENTE?
R: ANIT-TÁ.

ENXERGANDO LONGE

DOIS MENTIROSOS CONVERSAVAM NA PRAÇA:
- VOCÊ CONSEGUE ENXERGAR AQUELE MOSQUITO LÁ NO ALTO DA TORRE DA IGREJA?
- QUAL? O QUE ESTÁ SENTADO OU O QUE ESTÁ EM PÉ?

_____

O QUE É, O QUE É: MASTIGA MAS NÃO ENGOLE?
R: OS DENTES.

_____

SONHO EMPREENDEDOR

O RAPAZ CHEGA À PADARIA E PERGUNTA EMPOLGADO:
- TEM SONHO?
O ATENDENTE RESPONDE:
- TEMOS SIM!
E O RAPAZ COMPLETA:
- ENTÃO ACREDITE NELE E FAÇA ACONTECER!

PASSARINHOS

A MORENA E A LOIRA PASSEAVAM PELO PARQUE. A MORENA, ATÔNITA, DIZ:
- VEJA, O COITADO DO PASSARINHO ESTÁ MORTO!
A LOIRA OLHA PARA CIMA COBRINDO O SOL COM UMA DAS MÃOS E PERGUNTA:
- ONDE?

QUE HORAS SÃO QUANDO O RELÓGIO BATE 13 HORAS?
R: HORA DE CONSERTÁ-LO.

VISITANTE INCONVENIENTE

O MORDOMO CHEGA PARA O BATMAN E DIZ:
- SENHOR, O HOMEM-INVISÍVEL ESTÁ AQUI.
E O BATMAN RESPONDE:
- AVISE QUE NÃO POSSO VÊ-LO!

QUAL É O MAIS RICO DOS ANIMAIS?
R: O ORNINTO-RICO.

COBERTURA POLICIAL

O POLICIAL MILITAR CHEGA À SORVETERIA E PEDE UM SORVETE. A MOÇA COLOCA O SORVETE NA CASQUINHA E PERGUNTA:
- POLICIAL, O SENHOR GOSTARIA DE COBERTURA?
E O POLICIAL, ATENTO, RESPONDE:
- POSITIVO, VÁ E SE PROTEJA ATRÁS DAQUELE MURO!

ONDE ESTÁ O ANÃO?

- VOCÊ VIU PASSAR POR AQUI UM ANÃO DE 1,90 METRO?
- ORA, MAS SE ELE TEM 1,90 METRO NÃO É UM ANÃO!
- É, SIM. É QUE ELE ESTÁ DISFARÇADO DE GIGANTE!

COMO SE CHAMA A REDE SOCIAL DOS AMIGOS IMAGINÁRIOS?
R: FAKEBOOK.

QUAL É O ÚNICO CAMINHÃO DO MUNDO QUE CONSEGUE VOAR?
R: O CAMINHÃO-PIPA.

MORREU DE LATINHA

UM AMIGO CONTA PARA O OUTRO:
- MEU TIO MORREU DE LATINHA.
- COMO ASSIM?
- FOI NADAR EM UMA PRAIA DE PERNAMBUCO E DISSERAM PARA ELE QUE LÁ NÃO TINHA TUBARÃO, MAS LÁ TINHA!

PIADA DA MULHER

- VOCÊ SABE A PIADA DA MULHER?
- NÃO! COMO É?
- MELHOR EU NÃO TE CONTAR, PORQUE É MUITO DIFÍCIL DE ENTENDER!

COMO SE CHAMA O CANTOR FAVORITO DOS BIÓLOGOS?
R: OSMOZZY OSBOURNE.

O QUE UMA PÁ DIZ PARA A OUTRA QUANDO SE ENCONTRAM?
R: OPÁ.

COMO SE TRANSFORMA UM BIS EM PÃO?
R: COLOQUE-O NA ÁGUA E ELE VIRA BIS-NA-AGUINHA.

QUAL É O SUCO QUE TAMBÉM É COBRA?
R: O SUCO-RI.

VENDEDOR DE RUA

O MENINO QUE VENDE LARANJA EM UM CRUZAMENTO FICAVA GRITANDO:
- OLHA A LARANJA! OLHA A LARANJA!
UM SENHOR PERGUNTA AO GAROTO:
- É DOCE?
- É CLARO QUE NÃO, MOÇO! SENÃO, EU ESTARIA GRITANDO: "OLHA O DOCE!".

PREFEITO NO OFTALMOLOGISTA

O PREFEITO MANDA SEU SECRETÁRIO COMPRAR MIL TORNEIRAS. O SECRETÁRIO, ASSUSTADO, PERGUNTA AO PREFEITO O MOTIVO E OUVE A RESPOSTA:
- FUI AO OFTALMOLOGISTA HOJE E ELE DISSE QUE TENHO "MIL PIA"!

LOIRA NO SUPERMERCADO

ERA A PRIMEIRA VEZ QUE A LOIRA ENTRAVA EM UM SUPERMERCADO. ESTAVA OLHANDO AS PRATELEIRAS E ENCONTROU UM MONTE DE EMBALAGENS DE LEITE EMPILHADAS. ELA VIROU PARA A MÃE E GRITOU:
- MÃE, VENHA DEPRESSA! EU ENCONTREI UM NINHO DE VACAS!

FORMA DE PAGAMENTO

EM UMA FEIRA DE CARROS USADOS, UM COMPRADOR CHEGA ATÉ O VENDEDOR E PERGUNTA:
- ACEITA CHEQUE?
E O VENDEDOR RESPONDE:
- NÃO SENDO MEU, EU ACEITO!

FALTANDO ARROZ EM CASA

A ESPOSA CHEGA DESESPERADA NA DELEGACIA E GRITA:
- MEU MARIDO SAIU ONTEM DE CASA PARA COMPRAR ARROZ E NÃO VOLTOU ATÉ AGORA. ME AJUDE! O QUE EU FAÇO, SENHOR DELEGADO?
- PODE FAZER UM MACARRÃO!

COMO SE FAZ PARA IMPEDIR UM ELEFANTE DE PASSAR PELO BURACO DA FECHADURA?
R: É SÓ DAR UM NÓ NO RABO DELE.

COMO SE CHAMA O VAMPIRO QUE AJUDA A MELHORAR A VENTILAÇÃO DOS COMPUTADORES?
R: O EDWARD COOLER.

QUAL É A MANEIRA MAIS FÁCIL DE DESCOBRIR SE UM ORIENTAL É CHINÊS OU NÃO?
R: MOSTRE UM ELETRÔNICO E VEJA SE ELE CONSEGUE FAZER UM IGUAL E MAIS BARATO.

COMO SE COLOCA CINCO ELEFANTES DENTRO DE UM FUSCA?
R: DOIS NA FRENTE E TRÊS ATRÁS.

MEDO DA DOR

DURANTE UMA CONSULTA MÉDICA O PACIENTE PERGUNTA:
- DOUTOR, VAI DOER?
O MÉDICO RESPONDE:
- VAI SIM, MAS ATÉ AMANHÃ PASSA!
E O PACIENTE DIZ:
- ENTÃO, AMANHÃ EU VOLTO!

DIAGNÓSTICO COMPLICADO

O PACIENTE VAI AO MÉDICO E DIZ:
- DOUTOR, DOUTOR, NINGUÉM ME ENTENDE.
- E O QUE VOCÊ QUER DIZER COM ISSO?

O QUE É QUE SÓ TEM CABEÇA À NOITE?
R: O TRAVESSEIRO.

COMO FUNCIONA O ZOOM NAS TVS DE PORTUGAL?
R: VOCÊ APERTA O BOTÃO E O SOFÁ SE APROXIMA DA TV.

COMO O MATEMÁTICO COME X-BURGER?
R: ELE COMEÇA PELO PÃO PARA ISOLAR O X.

_____

PAPO DE TREM

DOIS TRENS CONVERSANDO:
- DE ONDE VOCÊ É?
- SOU DO PARÁ. E VOCÊ?
- PIAUÍÍÍÍÍÍÍÍÍ!

_____

COMO SE DEFINE A INVENÇÃO DO RELÓGIO?
R: UMA INVENÇÃO QUE VEIO NA HORA CERTA!

_____

TOLERÂNCIA ZERO

UM SUJEITO ENTRA EM UMA LOJA DE AGROPECUÁRIA.
- TEM VENENO PARA RATO?
- TEM! VAI LEVAR? - PERGUNTA O BALCONISTA.
- NÃO, VOU TRAZER OS RATOS PARA COMEREM AQUI!!!

PONTO DE VISTA

UM DOENTE CHEGA AO CONSULTÓRIO E DIZ:
- DOUTOR, TODA NOITE QUANDO VOU DORMIR VEJO CROCODILOS AZUIS.
- O MÉDICO FALA:
- VOCÊ JÁ VIU UM PSICÓLOGO?
O HOMEM RESPONDE:
- NÃO, DOUTOR. SÓ VEJO CROCODILOS AZUIS!

PIADA DO PORCO

- VOCÊ JÁ OUVIU AQUELA PIADA DO PORCO?
- NÃO!
- NEM VAI OUVIR, POIS PORCO NÃO PIA!

O QUE É, O QUE É?
NÃO É MINHA IRMÃ, NÃO É MEU IRMÃO, MAS É FILHO DO MEU PAI.
R: EU MESMO.

COMO SE CHAMA UM ANIMAL DE DUAS CORCOVAS QUE É ENCONTRADO NO POLO NORTE?
R: É UM CAMELO COMPLETAMENTE PERDIDO.

QUAL É A MELHOR MANEIRA DE CHAMAR UM CACHORRO QUE NÃO TEM AS QUATRO PATAS?
R: NÃO TEM COMO CHAMAR UM CACHORRO SEM PATAS. VOCÊ TEM QUE BUSCÁ-LO.

PASSANDO DE ANO

JOÃOZINHO CHEGA EM CASA TODO FELIZ E DIZ:
- MÃE, DESCOBRI QUE SOU MAIS INTELIGENTE QUE A PROFESSORA!
- É MESMO? POR QUE VOCÊ ACHA ISSO, MEU FILHO?
- PORQUE EU PASSEI DE ANO ENQUANTO ELA CONTINUOU NO MESMO.

COMO SE CHAMA O JAPONÊS QUE ASSALTOU O BANCO?
R: TAKA GRANA NA KAZACA.

___

CONTA CONJUNTA

FUI AO BANCO E DISSE:
- GOSTARIA DE ABRIR UMA CONTA CONJUNTA.
ME PERGUNTARAM:
- COM QUEM?
EU RESPONDI:
- COM QUALQUER PESSOA, DESDE QUE ELA TENHA MUITO DINHEIRO!

___

COMO SE PASSA UM ELEFANTE POR BAIXO DA PORTA?
R: COLOCANDO O ELEFANTE EM UM ENVELOPE.

QUEM BATE NA PORTA

- TOC TOC.
- QUEM É?
- KEN.
- QUEM?
- KEN.
- QUEM?
- KEN.

_____

O QUE É, O QUE É: MESMO ENTRANDO EM CASA, CONTINUA DO LADO DE FORA?
R: O BOTÃO.

_____

QUAL É A CIDADE QUE TEM NO NOME UM ANIMAL E UMA FRUTA?
R: BOITUVA.

O QUE É, O QUE É: COM A CABEÇA FICA MENOR E SEM A CABEÇA FICA MAIOR.
R: O TRAVESSEIRO.

SEJA MAIS CLARO

O RAPAZ PERGUNTA AO FARMACÊUTICO:
- VOCÊ TEM ALGO PARA PULGAS?
O FARMACÊUTICO RESPONDE:
- MAS O QUE AS PULGAS TÊM?

PODE ISSO, ARNALDO?

A LOIRA CHEGA NA AUTOESCOLA VESTIDA DE GOLEIRA.
O INSTRUTOR, CURIOSO, PERGUNTA:
- POR QUE VOCÊ ESTÁ VESTIDA ASSIM?
A LOIRA RESPONDE:
- UÉ, VOCÊ DISSE QUE O PALIO ESTARIA OCUPADO E QUE IRIAMOS TREINAR NO GOL!

O QUE É UM SOLDADO FECHANDO UMA TORNEIRA?
R: FUZILEIRO NAVALVULA.

NOME CHINÊS

NO DEPARTAMENTO DE IMIGRAÇÃO, O FUNCIONÁRIO PERGUNTA QUAL O NOME DE UM CHINÊS QUE ESTAVA NA FILA.
- ESPIRRO, NON?
- MAS ISSO É CHINÊS?
- NON, ESSE É O MEU NOME EM PORTUGUÊS.
- E COMO É O SEU NOME EM CHINÊS?
- A-CHIN.

PIADA DESCONHECIDA

O MENINO PERGUNTOU AO PAI:
- O SENHOR CONHECE A PIADA DO VIAJANTE?
- NÃO CONHEÇO.
- AH! QUANDO ELE VOLTAR, EU CONTO.

O ELEFANTE

UM GAROTO PERGUNTA PARA O OUTRO:
- VOCÊ JÁ VIU UM ELEFANTE ESCONDIDO ATRÁS DE UMA ÁRVORE?
- NÃO.
- VIU COMO ELE SE ESCONDE BEM?

INVERTENDO A ORDEM

- VOU CONTAR UMA PIADA DE TRÁS PARA A FRENTE. (SILÊNCIO)
- VAMOS! PODE CONTAR!
- ESTOU ESPERANDO VOCÊ RIR.

___

PIADA PESADA

- VOCÊ CONHECE A PIADA DOS 100 QUILOS?
- NÃO CONHEÇO. CONTA AÍ!
- É MELHOR NEM TE CONTAR, PORQUE É MUITO PESADA.

OPINIÕES DIVERGENTES

NO CASAMENTO, O PADRE DIZ EM ALTO E BOM SOM:
- SE ALGUMA PESSOA FOR CONTRA ESTE CASAMENTO, QUE FALE AGORA OU SE CALE PARA SEMPRE!
ENTÃO, UM HOMEM LEVANTA A MÃO. O PADRE, ZANGADO, COMPLETA:
- VOCÊ NÃO! VOCÊ É O NOIVO!

QUAL É O VILÃO DOS VINGADORES QUE CANTA MÚSICA SERTANEJA?
R: LUAN SAN-THANOS.

QUAL É A MÚSICA QUE UM GAÚCHO E UM MINEIRO FIZERAM PARA O MICHAEL JACKSON?
R: BLACK OR UAI-TCHÊ.

ESPIÃO PORTUGUÊS

UM ESPIÃO PORTUGUÊS ESTAVA EM SÃO PAULO E, EM MEIO A UMA MISSÃO, CHAMOU UM TÁXI. O MOTORISTA ESPEROU UM TEMPO EM SILÊNCIO E PERGUNTOU:
- PARA ONDE, CHEFIA?
E O ESPIÃO PORTUGUÊS RESPONDEU:
- JAMAIS SABERÁ!

CUSTO BENEFÍCIO

JOÃOZINHO LEVA O BOLETO DA MENSALIDADE DA SUA ESCOLA E O PAI, ASSUSTADO, DIZ:
- COMO É CARO ESTUDAR NESSE LUGAR!
E JOÃOZINHO RESPONDE:
- PARA VOCÊ VER, PAI. E OLHA QUE EU SOU O QUE MENOS ESTUDA NA MINHA TURMA!

AMIGAS NO SALÃO DE BELEZA

DUAS MULHERES CONVERSAM NO CABELEIREIRO:
- NOSSA, QUE ANEL BONITO! É DIAMANTE?
- NÃO, GANHEI DO MEU MARIDO MESMO!

O QUE ACONTECEU COM A COSTUREIRA QUE FOI AO BAILE FUNK?
R: ELA PERDEU A LINHA.

O QUE É, O QUE É: ENCHE UMA CASA MAS NÃO ENCHE UMA COLHER.
R: FUMAÇA.

A GALINHA E O IOIÔ

O CAIPIRA COMENTA:
- SABE, COMPADRE, TÔ PREOCUPADO COM A MINHA GALINHA.
- POR QUÊ?
- ELA ENGOLIU UM ELÁSTICO DE IOIÔ E TÁ BOTANDO O MESMO OVO HÁ UMA SEMANA!

NEGÓCIOS A PARTE

- PADRE, É JUSTO GANHAR DINHEIRO COM A DESGRAÇA DOS OUTROS?
- CLARO QUE NÃO, MEU FILHO. ISSO É PECADO!
- ENTÃO TRATE DE DEVOLVER O DINHEIRO DO MEU CASAMENTO.

NÃO DEIXA DE SER VERDADE

A MÃE PERGUNTA PARA O FILHO:
- CADÊ A MAÇÃ QUE ESTAVA AQUI NA MESA?
O FILHO RESPONDE:
- DEI PARA UM MENINO FAMINTO.
A MÃE PERGUNTA:
- QUEM ERA ESSE MENINO? POSSO SABER?
E O GAROTO DIZ:
- SOU EU, MAMÃE.

FREQUÊNCIA NA ACADEMIA

DOIS AMIGOS CONVERSANDO:
- EU FREQUENTO A ACADEMIA JÁ FAZ MAIS DE UM ANO!
O OUTRO, ASSUSTADO, PERGUNTA:
- E POR QUE VOCÊ CONTINUA TÃO GORDO?
- ORA, PORQUE NÃO FAÇO OS EXERCÍCIOS. SÓ FREQUENTO MESMO.

QUEM É O YOUTUBER QUE OS COMPUTADORES MAIS GOSTAM?
R: É O WINDOWS NUNES.

O QUE TODO MUNDO TEM E NINGUÉM PODE PERDER?
R: A SOMBRA.

_____

QUAL É O NOME DA ATRIZ QUE NÃO COME CARNE?
R: VEGAN FOX.

_____

ARMÁRIO PESADO

UM AMIGO VÊ O OUTRO CARREGANDO UM ARMÁRIO NAS COSTAS.
- EI, VOCÊ FICOU MALUCO? ESSE ARMÁRIO É MUITO PESADO. É PRECISO DUAS PESSOAS PARA CARREGÁ-LO.
- MAS NÓS ESTAMOS EM DOIS. O MEU CUNHADO ESTÁ AQUI DENTRO SEGURANDO OS CABIDES.

O QUE ACONTECEU COM O FERRO DE PASSAR ROUPAS QUE CAIU DA MESA?
R: ELE PASSOU MAL.

_____

O QUE É, O QUE É: TEM PÉ, MAS NÃO CAMINHA; TEM ASAS, MAS NÃO VOA; TEM DENTES, MAS NÃO COME; TEM BARBA, MAS NÃO É HOMEM.
R: PÉ DE MILHO.

PRESENTE LUCRATIVO

O MENINO LIGA PARA O AVÔ E AGRADECE O PRESENTE DE ANIVERSÁRIO.
- VÔ, A BATERIA QUE VOCÊ ME DEU É ÓTIMA.
O VIZINHO ME PAGA DEZ REAIS TODOS OS DIAS SÓ PARA QUE EU NÃO A TOQUE!

RECEITA DE ARROZ

UM PROFESSOR PERGUNTA AO ALUNO:
- ARROZ É COM S OU COM Z?
O ALUNO RESPONDE:
- AQUI NA ESCOLA EU NÃO SEI, MAS LÁ EM CASA É COM FEIJÃO.

FARMACÊUTICO LIBERAL

O RAPAZ PERGUNTA AO FARMACÊUTICO:
- VOCÊ TEM ALGO CONTRA TOSSE?
O FARMACÊUTICO RESPONDE:
- NÃO TENHO, NÃO. PODE TOSSIR À VONTADE.

VASCAÍNO NO CÉU

UM VASCAÍNO SUBIU AOS CÉUS E DISSE:
- SENHOR, DÊ ALGO PARA ILUMINAR ESSE MEU TIME!
DEUS PENSOU E RESPONDEU:
- TOME ESTA LANTERNA, MEU FILHO!

O QUE ACONTECEU COM O ESPELHO QUE SE QUEBROU DURANTE A GUERRA?
R: ELE INICIOU UMA GUERRA CIVIL.

QUAIS SÃO AS TRÊS COISAS QUE NÃO PODEM FICAR ESCONDIDAS MUITO TEMPO?
R: O SOL, A LUA E A VERDADE.

EU TINHA TRÊS MAÇÃS E JOÃOZINHO ME PEDIU UMA. COM QUANTAS MAÇÃS FIQUEI?
R: FIQUEI COM TRÊS. O JOÃOZINHO QUE COMPRE A DELE!

GASES NOBRES

A PROFESSORA DE QUÍMICA PERGUNTOU A JOÃOZINHO:
- O QUE SÃO GASES NOBRES?
JOÃOZINHO RESPONDEU:
- SÃO PEIDOS DOS REIS.

O QUE FOI QUE UMA PULGA DISSE PARA A OUTRA?
R: VAMOS A PÉ OU VAMOS DE CACHORRO?

QUAL É A NOVELA FAVORITA DO BOI?
R: O REI DO GADO.

COMO FICOU O LÁPIS QUE CAIU NO CHÃO?
R: DESAPONTADO.

O QUE UM ALHO FALOU PARA O OUTRO?
R: MEU DENTE ESTÁ SUJO.

LOGO ALI

VALDEMAR EMBARCA EM UM ÔNIBUS INTERESTADUAL E, APÓS ALGUNS MINUTOS DE VIAGEM, O SUJEITO AO LADO CUTUCA SEU OMBRO E PERGUNTA:
- AQUI É A BR?
VALDEMAR RESPONDE:
- NÃO, AQUI É O MEU OMBRO. A BR É ALI FORA!

O QUE O FILHO DO MATEMÁTICO FALA QUANDO QUER IR AO BANHEIRO?
R: PI PI.

QUAL É O PRODUTO DE LIMPEZA QUE O CEGO NÃO PODE USAR?
R: VEJA.

O URSO-POLAR VAI À PADARIA

UM URSO-POLAR ENTRA NA PADARIA E PEDE:
- POR FAVOR, UM PÃO COM... QUEIJO.
- POR QUE A PAUSA?
- AINDA ESTOU HIBERNANDO...

POR QUE O FEIJÃO SE SENTIA TRISTE?
R: PORQUE ELE ESTAVA NA PANELA DEPRESSÃO.

QUAL É A FRUTA QUE NUNCA AMADURECE?
R: ABACATE, POIS ESTÁ SEMPRE VERDE.

QUAL É A FRUTA QUE A CABRA MAIS GOSTA?
R: BÉÉÉÉÉTERRABA.

QUAL É O VIDEOGAME PREFERIDO DOS GATOS?
R: NINTENDO WHISKAS.

O QUE É UM FÍSICO DANÇANDO FOLCLORE?
R: É UM FISI-CULTURISTA

QUAL É O CHÁ QUE ABRE PORTAS?
R: CHÁ-VES.

MOTORISTA SABICHÃO

CLEITON ESTÁ TRABALHANDO DE MOTORISTA DE ÔNIBUS. AO PARAR EM UM PONTO, O PASSAGEIRO PERGUNTA:
- ESSE ÔNIBUS VAI PARA A PRAIA?
E CLEITON RESPONDE:
- SE ENCONTRARMOS UM BIQUÍNI QUE SIRVA NELE...

QUAL É A DANÇA FAVORITA DOS TEMPEROS?
R: SALSA.

POR QUE OS VINGADORES SÓ TOMAM SORVETE?
R: PORQUE A VINGANÇA É UM PRATO QUE SE COME FRIO.

O QUE É QUE O THOR FOI FAZER NA FLORESTA?
R: FOI BUSCAR UMA THORA.

QUAL É O OPOSTO DE FECHADURA?
R: ABREMOLE.

POR QUE O RUBINHO BARRICHELLO ODEIA SE MACHUCAR?
R: PORQUE QUANDO SE MACHUCA, PRECISA FAZER COM-PRESSA.

O QUE É, O QUE É: MORRE E FICA EM PÉ.
R: A VELA.

O QUE O FIO DISSE PARA A ELETRICIDADE?
R: SEMPRE QUE VOCÊ PASSA POR MIM EU FICO ELÉTRICO!

HOMEM QUE NÃO REPARA

MINHA MULHER CHEGOU DO SALÃO DE BELEZA RADIANTE. TODA FELIZ, ME PERGUNTOU:
- NÃO VAI FALAR NADA?
OLHEI E RESPONDI:
- ESTAVA FECHADO DE NOVO?

ENGANO AO TELEFONE

UM HOMEM LIGA PARA A DELEGACIA E DIZ:
- POR FAVOR, EU QUERIA FALAR COM O DELEGADO.
- PODE FALAR, É O PRÓPRIO.
- OI, PRÓPRIO. TUDO BEM? CHAMA O DELEGADO PARA MIM?

PESCARIA

UM PESCADOR CHEGA NA BEIRA DO RIO E PERGUNTA PARA O OUTRO PESCADOR QUE JÁ ESTAVA LÁ:
- ESTÁ BOM PARA PEIXE?
- ESTÁ ÓTIMO. ATÉ AGORA, NÃO PEGUEI NENHUM.

QUAL É O CHÁ DOS FRACOS E OPRIMIDOS?
R: CHÁ-POLIN.

QUEM A ABELHA VISITOU NA IGREJA?
R: O PADRE FABIO DE MEL.

QUAL É O NOME DO ALIMENTO QUE NUNCA REPROVOU NA ESCOLA?
R: UVA-PASSA.

VASO RUIM...

O SUJEITO PERGUNTA NA LOJA DE JARDINAGEM:
- MOÇA, QUANTO CUSTAM ESSES VASOS?
E ELA RESPONDE:
- O BOM CUSTA R$ 10,00 E O RUIM R$ 1000,00.
- NOSSA, MAS POR QUE O RUIM É MAIS CARO?
- É PORQUE VASO RUIM NÃO QUEBRA!

QUESTÃO DE ESTADO

FUI ME CONSULTAR E O MÉDICO DISSE:
- PELO QUE VEJO, SEU ESTADO NÃO É NADA BOM.
IRRITADO, RESPONDI:
- OH, DOUTOR, NÃO FALA MAL DO MEU PARANÁ!

RÁPIDO NA CIDADE

EU VINHA EM UM CARRO A 100 KM/H DENTRO DA CIDADE. DE REPENTE, OUÇO O GUARDA APITAR E PARO A UNS DEZ METROS DELE. O GUARDA SE APROXIMA E DIZ:
- BONITO, HEIN!
E EU RESPONDO:
- E VELOZ, TAMBÉM!
RIMOS JUNTOS POR VÁRIOS MINUTOS. ENTÃO, ELE ME MULTOU.

QUAL É O CÚMULO DO ESQUECIMENTO?
R: NÃO SEI. ESQUECI!

SE O TIRIRICA FOSSE UM TERRORISTA, QUAL SERIA SUA ORGANIZAÇÃO?
R: ABESTADO-ISLÂMICO